（清）王文韶 撰 杭州圖書館 整理

稿本王文韶日記

第三册

國家圖書館出版社

第三册目録

清光緒七年（1881）

清光緒九年（1883）

清光緒十年（1884）

己卯三月至十二

己卯三月隨扈記程

二十日晴 入對一刻 辰初散直 午正起程 出齊化門 申初過通州 酉初一刻抵燕郊宿 偕經佩兩師暨秋坪伯寅頌陶各屬小瑩 佩師伯寅秋坪亦先後來 行營均在前後左右也 此行自製大帳房一架 人字房六架 先日啓行 到則賓至如歸矣 戌初就寢

行裝穿褂子○褂子縫靴○內廷惟軍機大臣內務府大臣仍得穿褂子縫靴 餘非特賞不准穿 蓋皇上常用之式也 御前大臣

二十一日陰 大風 卯正起 天陰甚 深恐下雨 巳初稍霽 秋坪來坐 鄭赤來拜 巳正二刻謁恭邸 ○ 印謁 ○ 宮內直廬 謂之上門 未初 皇上駕到 未正二刻 兩宮太后駕到 均詣班迎 詣班接此 太后 申初一刻入對 不及刻 申正散直 是日松桂杜瑞聯到 報有清字上諭一道 真壽周錦侯同年來晤

漢字〻上諭二道　清字傳達賴喇嘛呼畢勒罕於六月十三日坐床有各項〻恩賞因〻行在未帶賞件述〻旨後俟回京日賞件併發也　陝西富平縣民王作祖在八里橋叩閽有〻旨交行在刑部審訊　本日〻召見軍機李鴻章景瑞周恒祺

戌初就寢　午初起大風揚沙亥正漸息

二十二日晴　丑初二刻起卯行卯正三刻抵白澗巳正二刻上門午初三刻〻〻皇上駕到未初〻〻兩宮皇太后駕到未正入對刻將及申初一刻散直拜李中堂周福陔　本日何璟等〻奏報烏石山案辦結有〻寄諭　〻召見軍機葉豐傅振邦唐仁廉　李中堂來久坐戌初二刻就寢

二十三日午前陰後霽　丑初三刻起行天陰甚微見雪辰初二刻抵

隆福壽衙齋 午初上片 皇上午正三刻到 太后未初到 未正入對 行叩謝禮

許刻 申初散直有 旨連日請轎之校尉人等每名賞給一

兩重銀錁一箇 明發 預備車輛之官弁兵丁等每名賞給一

兩銀錁一箇 旨 以上均漢字又經過之桃花寺及隆福寺

看守官兵丁每人 等 賞給一兩重 銀 錁一箇又隆福寺之寺廟喇嘛

每人賞給一兩重銀錁一箇以上均清字之旨 召見軍機

帶頭 賞壽糕二桶分內十五枚

二十四日晴 寅初上門 廣西撫 雅到報 辰初行奉移 穆宗毅皇帝 孝哲毅皇后 祇告禮 辰正

跪送 梓宮後仍回直廬 申正三刻 皇上回行宮 酉

初一刻 太后回行宮均站班 酉正入對 許一刻 戌初散直 本日

寄諭二道 明發二道 有旨賞大小舁舉二名民夫每人一兩

重銀鋪一箇 名見軍機

二十五日晴 寅初進壽峯口恭詣 定陵候 皇上至隨入 自隆福寺起計程十六里

陵寢門行叩謁禮 舉哀 内廷王公外惟軍機大臣有與禮者

巳正至 惠陵小圍早膳 佩所令世兄筆頭備也 午正詣 由定陵十五里

惠陵未正行遷奠禮 由隆恩殿還至寓 申正三刻回 城前候時 蘆殿

計程廿六里

隆福寺直廬 皇上酉正回行宮 太后酉正三刻回

行宮戌初一刻入對 刻不及三刻散直 本日有校尉民夫賞

均明 又車輛賞銀 名見軍機 是夜只假寐一時

數

二十六日晴 子正二刻恭詣 惠陵卯刻永遠奉安 辰刻門

虞祭禮已正回宿次早膳卯上門午初〇〇皇上回行宮
二刻〇〇太后回行宮午正二刻入對三刻申正二刻散直
醇邸因病未能入直偕佩經兩師及秋坪同往問候恭
日有加恩〇〇諭旨八道恭邸優敘澂貝勒食雙俸
醇邸食雙俸紫禁城坐四人轎
均工〇李中堂佩師子太傅經師子太保〇伯寅子少保等
程〇齡師子少保均恭題神主工部堂官
照例亦得加級召見軍機是夜戌初就寢睡甚酣
二十七日晴丑初一刻起行辰初三刻抵白澗〇皇上午正到〇在宮門外碰頭謝〇〇恩
皇太后未正二刻到申初二刻入對刻許申正散直是日〇〇皇上
梓宮及恭詣黃幄〇〇神牌前行夕祭禮站來回班散直
晚膳後詣經鶴各師及李中堂處道喜在補隊帳

房久坐。燈後李中堂來，久談。戌正就寢，入直。昨今兩日腳因病未抹
二十八日 晴。子初起行，卯正一刻抵燕郊。○○皇上午初到。○○○卿勉強入直，面請假，媳子告
太后未初二刻到，未正二刻入對，不及刻，申正散直。飯後門
亥初三刻抵寓。寄自在見軍機李鴻章、倚振、印景瑞
二十九日 晴。巳初入直。○○皇上午正一刻回宮，在內右門跪班。○○
太后未正二刻回宮。進神武門。申正入對，刻許，酉初散直。
閏三月朔日 陰。寅初入直，入對二刻許，辰正二刻散直，赴庫
放廂黃、正白兩旗各餉銀九萬五千餘兩，到戶部、兵部兩
處，來談，接徐頌閣書，寄到損兒報捐郎中專照執
照等件。

初二日晴 入對二刻巳初散直詣恭邸問疾旭人到京来晤久談

蓋厭於家鄉仍欲作出山計也一別十三年晤晛並無老態惟稍清减耳

到樞署 是日辰刻 穆宗毅皇帝 孝哲毅皇后神

牌入城升祔太廟

初三日微雨 入對二刻許辰初一刻散直午後到兵部戶部出城

眷旭人晤談 穆蓉舫辭行赴運河道任 升祔禮成頒詔有

  覃恩封典 夜大風

初四日陰大風 入對二刻巳正二刻散直茗笙来久談到樞署

德署使仲珂
辭行回國

初五日晴 入對一刻許辰初二刻散直午後到樞署即赴德

館，到戶部。是日彝卿勉強入直，又酉時賞五日假。

初四日晴。入對將二刻，辰初二刻散直。新選陝西鹽法道常立元、瑛來見。午後到兵部、戶部。出城，答拜曾劼卿、魏還雲，并看駿雲甫，均晤。佩師乞假十日。

初七日晴。入對二刻許，辰正二刻散直。午後出城至妙光閣奠羅吉孫，赴謝公祠聽戲，總署章京團拜。此余曾任閣道，故邀請也。舊游如昨，至此蓋十六年矣。

初八日晴。入對將二刻，辰正二刻散直。午後到兵部、戶部、總署。日本新使宍戶璣來見。

初九日晴。入對二刻，辰正二刻散直。張藹卿、豐長郡華奎來見。

振軒中丞之哲嗣也人甚倜儻氣宇亦好午後詣恭邸公祭（弔）側
福晉之喪總署諸同人偕有公祭即出見力辭行禮亦答
盡其道也歸途拜客并向佩師病本日換夾袍褂
初十日晴 入對三刻辰正三刻先散赴庫收兩淮等處餉銀
十二萬五千餘兩放八旗米折步甲等餉七萬一千餘兩
封庫後（卯）到總署偕同人答拜日本賓使回寓已酉初（佳初）
二刻矣（放）覺憊矣夜微雨
十一日微雨卯雲厭 入對二刻許辰正一刻散直訪廣紹彭略談偕
湘吟師自山東歸也午後到兵部戶部總署直 恭邸散滿入
十二日晴 入對刻許辰初散直錢燮仙來與商瑞琞傳家善後

仁錢會館春祭午刻恭詣禮部到二十二人倒設四席歸

途至阜康會晤王吉園陔少堂印雉城崇文山自吉林查案回來晤馮展雲

早間來未值

十三日晴 入對一刻許辰正一刻散直董新甫儁翰新授荊宜

施道及新授甘州府金光先及來見新甫用受業手版無因

呈前賢辭〻年段到其新户部稽署 接子健朗軒書

十四日晴 入對二刻辰正三刻散直新授陝西督糧道善星源

聯來見禮部京察一〻等應循俗例款弟子禮以外任大署 段

規模詳語〻次曲未商四月間稍緩爲宜復子健朗軒書

十五日晴 入對三刻許辰初三刻散直子勉同年裕時成卿出參彥卿

先後來晤彥卿前日新授豐撫也 午後到兵部、戶部樵署看

夜雨

十六日晴 入對刻許 辰初散 直見客二起 馮卿 魏溫雲 午後出城拜客 晤李蘭翁 在若笙兩長處 各少坐 回寓已酉正二刻矣 伊師續假十日

十七日晴 入對將四刻 辰正三刻散 直午後到總署 法署使巴特納 總主敎田嘉斯等來見 本日吏部遞主事吳可讀死諫一疏 請特降懿旨豫定大統之歸等語 奉太后旨 著王大臣大學士九卿翰詹科道會議

十八日晴 入對二刻許 辰初散 直答裕時卿 午後到兵部、戶部樵署看 接後園二月初九日書

十九日晴　入對二刻許辰初二刻散直出西華門答拜崇文山少
宰晤子後徐蔭軒寄峴莊制軍信接飛卿十二月廿日書
二十日陰　入對不及刻辰初散直午後到兵部戶部總署新
授麗生擢裕澤生寬　到京來晤[illegible]後飛卿信
二十一日晴　入對一刻辰初二刻散直旭人來談午後到兵部戶
部總署順道拜客看質夫新宅
二十二日晴　入對三刻巳正三刻散直午後赴安徽館辛
亥同年團拜　回寓已戌初矣　黎召閣堂（大堂）放四川學
二十三日晴　入對二刻許巳初散直赴三庫揀選庫大使
等官到戶部未初回寓小憩　王揆若接仔生三月廿八信

廿四日晴 入對三刻許巳初三刻散直午後至兵部出城奠徐壽衡尊翁 赴安徽館雲南司捐納房團拜公請也 保師銷假入直

前在湘捐振五百兩本日湘撫奏到旨交部從優議叙碰頭謝恩

廿五日晴 入對刻許辰初一刻散直午後到總署 遞謝恩摺 秀邨來留便飯 秘使愛勤謨來見

經師未入直 本日換單袍褂

廿六日晴 入對刻許卯正三刻散直午後到兵部部出城奠馮鼻千 譽驥展雲侍郎之胞兄辛亥同年也 并唁蕭敬庭晉蕃 訪徵蘭未值

廿七日晴 入對二刻許巳初三刻散直 吳廣安承璐到京來見 閩太倉州缺歸道班赴部引見 後趙陽嵩丞壽辭其壽儀

廿八日晴 入對一刻許卯正三刻散直 楊世兄奎綬來見 午後訪

小亭四弟商公請經師訂四月四日[redacted]出兵部之人新樓四弟樓子健信送

燕菜堂彩 百壽圖兩裹

二十九日晴 入對一刻 辰初二刻散 直舊年来談 旭人先後 [redacted]假 午後

至俄署 德使巴蘭德意使盧嘉德来見

三十日午前晴午後陰 入對七刻 辰正一刻散 直出西城至觀音院真沈世

嫂經師之姪婦歸 [redacted]送 出又部 小亭来談 夜微雨

四月朔日晴 入對一刻 辰初散 直赴内閣會議吳可讀摺 午

後出之人部兵部換者

初二日晴 [redacted]入對[redacted]二刻許 辰初散 直赴庫收山東堂課籌銀の

第兩級鑲白黃旗領銀九千五十兩 鑲兩四寓出點 午後赴俄

署会斋往耆德使巴仕衡德嘉使庐嘉德法署使巴特讷下
午蔚庭来谈
初三日晴 入对二刻许巳正散直钱翠仙来午后到兵部工部
本日起设坛求雨
初四日晴 入对二刻许辰正一刻散直赴颜料库收山西平铁二
十万斤旋到实录馆寿属领取各项纸张未正二刻回
寓
初五日晴 入对三刻辰初二刻散直旭人来谈伍次藩继勋
解馆到京来见将赴部引见午后到户部兵部总
署

晋晴 入對刻許辰初散直 許星叔來談 御藥州四封 雲鵠
到京引見來晤 松江蘇侯 并拜世兄 曾侯 午初出城赴財盛館 辛亥同年
公請吳江硏相共三席 申正三刻進城 接彥侍寄月眠望書
本於習日抵鄂 定於二十五日接署糧篆
初七日晴 入對二刻辰正散直 答彥卿拜 赴貴州館午後到
三刻 兵部接署
初八日晴 入對三刻辰初散直 子通來 以積多相商 正言告之未
必聽也 午後到總署 錯假來見 赫德總稅務司
初九日晴 入對一刻辰初二刻散直 午後出城拜客 晤旭人
錢恕齋 仍在南辰 李伏盦 各少坐 接子祥信 又接 謝朗齋書

初十日晴。入對，偕四刻，巳正一刻散直，午後到兵部、戶部稽署。寅初登車入直，適次孫生男，母子平安，並祝喜甚。沈幼丹制軍來，未值。

遞會議摺併相等另摺，共六件，以張之洞一疏為最遙達切當。

奉懿旨：將來嗣承大統者，即為穆宗毅皇帝嗣。

又吳可讀孤忠可憫，交部照五品官例議卹。

十一日晴。入對二刻，辰初一刻散直，答沈幼丹，翁手復劭軒書。

料理慶祝事宜。

十二日晴。入對三刻，辰正散直，祝萊相齡師壽，張子青、廣亭同。

午來，發年後到兵部、戶部稽署。幼帥來，仍未值。

十三日晴。入對二刻，卯正三刻散直，訪幼帥暢談，午後至稽署。

偕人同赴日本館，與宍戶璣論琉球事，接筱帥書，雪岑來談。

十四日晴入對將二刻辰初三刻散直料理分送請帖士政齋全
料量各項酒席諸事就緒

十五日晴入對一刻卯正三刻散直新授承宣河道文兩人
許節卿勇世兄先後來見午後到總署往拜美國前伯〇
〇國使二人抱
璽天德格蘭忒到二人高
本日考試試差

十六日晴入對一刻辰初散直到戶部兵部午後至總署宴美國格蘭忒
崇地山來便飯

本日換羊皮袍褂

十七日晴入對二刻許奉命覆閱考試二差卷共三百八十六本
閱卷十八人二取八本共八十本午正三刻散直西[illegible]尉
庭

十八日晴 未入直 卯正出城预祝修伯夫人寿 又云张幼樵萸
太夫人进城 冀遇赓廷 次典 穆轩来 布置商同寿庆祝予
宜

十九日晴 未入直 诣恭邸谢是寿礼 并请二十二日保龢
屈临 倒不具柬 竟日赐礼以修撰若壁 雨辰 稼轩 子梅
来以料一切

二十日晴 财盛馆保龢宴客 凡五百三十余人

廿一日晴 下午阵雨 换亮纱袍褂 请假五日

廿二日晴

廿三日晴

廿四日晴

廿五日晴

廿六日晴 銷假 卯正入對二刻許 巳初散直 祝琴壽 五同

正月廿七 本月賞壽
右銀列第來文設

廿七日晴 入對一刻 卯正三刻散直 送沈仲丹行 後午後到

兵部、户部、倍署者 收謝客 夜微雨 帽緯一匣
賞收料三卷 各種書十二卷 見面禮頭

廿八日陰 入對一刻許 辰初散直 赴銀庫收江西等省地丁

各領銀十五萬四千餘兩 發察哈爾俸餉等項銀二十一萬

六千餘兩 早晚謝客二千餘家

廿九日雨 入對二刻許 巳正三刻散直 午後到楼四君 巴園 德來

雲南正考官李郁華湖南人、
副黃卓元貴州人
貴州正考官李鍾簡廣西人
副潘慶瀾福建人

望澤已久，此時甚暇，今日獲霑甘澍，為之大快，自巳正至寅初，約乃三寸許。

三十日，雪。入對二刻，巳初一刻散直，本年輪應盤查內庫及假足發料兩庫，本日應輪赴假足庫，陪堂(徑詣發往內庫)(及倉)散直。

赴庫，則已散矣。午後到兵部、戶部，陳雨春來，申刻 行生福祝

完 葉州府福 同到京來見，使之 玉階

調湘撫。李和叔放天學政

五月朔，晴。入對一刻許，辰初二刻散直，出北城謝步二十家

料理部務。李蔭湘泉

初二日，晴。入對一刻，卯正三刻散直，出西華門，西北城謝步

十餘家。午後至作館，拜客數家，出口方 雲階兄將來見

初三日晴雨间 入對一刻卯正二刻散直午刻至兵部二户部擬
出城謝步拜客而陣雨適多就近拜數家而回接曾沅翁四
月廿二日書晉省尚未多透雨也可慮之至
初四日晴下午陣雨 入對刻許辰初散直訪樸衡處遇游滙李百川
來見與談湘省情形久坐又見客二起張松坪穆宏阮保之桂中 午正
出城謝步過雨而歸辰拜于四甲饈家雖孫陣雨勢甚酣
可喜也
初五日晴 入對刻許辰初一刻散直詣各師處賀節是
日出常見面無他禮節接保書
初六日晴 入對一刻許辰正二刻散直午刻出城謝步拜

二十餘家至文昌館赴張壽亭松齡所在座與談甚[illegible]盤查竣

將（未暝先走）走城根散

初七日晴　入對刻許卯正三刻先散赴顏料庫陪堂刻

畢赴西直門城謝步至戶部兵部回寓小憩（申初）赴提署

酉刻偕筱棠至譚（雲觀公府）宅拜壽小坐觀劇戌正歸

初八日晴入對三刻辰正三刻散直王曉蓮來談復籍

詢鄧中丞狀極闊午後以前用帳[illegible]（接左徐）諸及朗軒書

初九日雨　入對一刻辰正散直會拜王曉蓮午後赴總署

（自巳正起至未初止）將雨連番農望大慰惟畿三晉亦同此優渥也

初十日晴　入對二刻辰初三刻散直午後到兵部戶部出城

廣東正考官周錫章
廣西副黃彝年 浙江
廣西正考官李聯芳
陝西副潘寶璜 江南
福建正考官文澂 滿洲
副蔡延釐 江蘇

謝步，至何東館拜壽，朗齋之兄八十正壽慶（聘之），嚴小農觀察劇，直至歸。（陳本李信請）
十二日晴 入對將三刻，巳初散，直赴八來商指看湖南，午後
出城謝步，頤祝翁□□（小山）首卷七十壽，雨辰明日誕辰，
亦預祝之，舍右銘久談。下
十三日晴 入對刻許，辰初刻先散，赴庫收湖北等省飯銀
二充第六千餘兩，放步甲等飯銀三萬五千餘兩，
回寓小憩，至□□擬署新授蘇臬許星台應鑅來談。
十四日晴 入對一刻，辰初三刻散，直至寓園拜吳薛雲階，
午後到兵部司廳，候閣約小酌，借雲史赴之，清
談甚適。

十四日晴傍晚陣雨 入對二刻辰正散直答拜許星叔本日爲內子
四十九歲生辰設麵席五男客三女客二 訪綬山來自步
司靈偉處生 述來晤張松坪辭行回湖南
十五日晴入對一刻辰初一刻散直午後到兵部戶部總
署山西報到本月有微雨四五寸秋田可以補種深
爲可喜〻〻蒙聖以山西各屬是否得雨尚不可知且盼甘
霖僕師仍令以前祈禱未遽撤壇也
十六日大雨入對得二刻巳初散直午後至總署 英使威妥瑪美使西
華到京來見 本日換綢緜冠黃紗袍褂
十七日陰雨入對一刻許辰正三刻散直 尹玉謝福 壽回湘 謝福

仍須來此也。吳眉叢觀察以鑑紀五種合刻見贈，紙
板俱好，可貴也。計資治通鑑十函、續資治通鑑六函、
明紀二函、通鑑目錄及通鑑外紀各一函。
十八日霽。入對刻許，卯正三刻散直，午後到兵部二刻，即總署，陪恭卿。
十九日陰，微雨。入對一刻許，卯正二刻散直，午後到總署，偕同人
答拜英美兩使。
二十日晴。入對倏三刻，辰初三刻散直，午後到兵部二刻，即拜王西城，
答數處，歸途至總署，看威妥瑪使來日論烟台條款大畧。
二十一日晴。入對二刻十分，辰初三刻散直，詣雲階辭行，赴
山東藩司任，與談良久。崇文山、麟芝菴先後來晤。文
山昨放熱河都統，芝菴本日轉工左也。是日午刻日暈，或言主大水。

四川正考官嵩善（滿洲）副
許普隆（浙江）湖南正考
官華金壽（直隸）副曹
鴻勛（山東）甘肅正考官
陳寶琛（福建）副周開
銘（湖南）

二十二日晴　入對五刻　辰正散直　周復棠昨（印鐵）丁內艱　唁之　王
曉蓮來談　午後到總署議修俄條款（巴蘭德來）　接蔚亭書
言撥餉蠲緩情形
二十三日晴　入對三刻許　辰初二刻散直　午後到兵部戶部
摺　署英繙譯璧利南來見
二十四日陰　入對時二刻　辰初（圓）散直　見客四起（廣依之翁斷往慶之）　梁檀甫　盛旭人
（附）端石兄名祖廷芳亭之子
麻師竹由山東來京引見　午後到總署　四正還　著客晤麟
芝菴
二十五日大雨　入對二刻　辰初一刻散直　自巳至申大雨傾盆
庭院皆溢　本擬出城祝賀雲翁七十正壽　竟以不能出門

雨止擬赴總署亦不果

廿六日晴　入對三刻許巳初三刻散直王陵遣方雨辭行回鄞藩任戌午後

到兵部出城詣□□公祠王豫翁杭厲公請　順道拜客　天氣

驟熱出二遍人入夏來第一日也　假衛所請假十日

廿七日晴　入對三刻許巳初二刻散直午後到工部總

署　美使田華來　論金山華民事　夜雨達旦

廿八日晴　入對一刻卯正三刻散直午後到兵部戶部總

署　新授衢州府鮮星垣煜來見

廿九日晴　入對三刻許午初散直　奉旨閱彭銘劾參

壽使大員沿途擾累子為恩承章京文部嚴松議

慶

六月初一日晴 入對一刻許 辰初一刻先散 赴廣孫廟黃寺 正白旗兵餉等銀九萬兩 餘兩無收項 到兵部 午後赴總署

美使西華來見 接曹阮翁書 山西報全省得雨 本日撤壇報謝

初二日晴 入對刻許 辰初散 直向佩所病 便道拜客 許星叔

去辭行 赴蘇臬任 仲和到京 候銓 晤談 夜微雨 復曹阮翁書

初三日晴 入對刻許 卯正三刻散 直送許星叔行 午後到兵部

新[redacted]戶部摺署[redacted]淺 錫葉仲 葛 澹臣 自成都到 [redacted]孫慶試下榻寓中

初四日陰 入對四刻 辰初一刻散 直京士丈來談 二初聽

聲兒詞 夜雨達旦

初五日午後晴（前雨）入對三刻巳初二刻散直午後賀冀盧瑶彭夫人
到總署 雨辰來信言錫蕃吐紅之症又發一次（青岩）良深懸念
初六日晴（下午陣雨）入對一刻卯初二刻散直錢子密到寓來晤
蓋一別廿年矣午後到兵部初二刻到總署新署陳州
府吳重熹來見
初七日晴（嘉前儀）入對二刻許巳初散直（雨辰來談）午後出城祝菁笙壽
晤祁子和蓉鍾仲和均晤談裕澤生來話因赴粵
李任[illegible]是夜熱甚
初八日晴入對三刻許辰正三刻散直（松鎮菁來談）午後到總署即（與西華）
赴美館商論金山華工事

浙江正考官高[illegible]桂袁
崇河副恽彦彬　江西
正考官汪鸣銮　副
吴树梅　湖北正考
官陆继辉　副赵尔
巽

初九日晴　入對將四刻。本日文宗誕辰，恭詣壽皇殿隨同行禮。蟒袍補褂。巳初二刻散，直。午後到兵部、户部、總署。連日酷暑，晴有雨意，却盼晴也。

初十日晴　入對四刻，午初三刻散，直。炎蒸之至，殊覺可畏。本日豫軒放陝西學政，陳芑庭翼告病所遺也。

十一日雨　入對三刻，辰正三刻散，直。午後到兵部、户部、總署。何天爵来。

十二日晴　入對刻許，辰初一刻散，直。見客　立橋并　何商[illegible]　趙[illegible]　[illegible]　道曉之、受廣玉、黄[illegible]　[illegible]湘人

十三日晴　入對二刻許，辰正三刻散，直。柳门、蔚庭先後来。

晚午後到兵部總署看雨長未來值知錫蕃病已断痊矣

十四日晴　入對一刻卯正三刻散直新授湖州府桂文圖識來見　畢機甫　章章　又見客一起　林紹年國柱福　人之指明也　午後到

總署　美使西華一談　稅司赫德來

十五日晴　入對一刻許辰正散直右銘來久談又見客一起

起　郁岱生芝祥　午後到總署　英繙譯璧利南來　夜雨

十六日晴　入對二刻許辰初一刻散直赴庫收江海關籌

備餉銀九萬二千餘教五營餉籌銀三萬九千餘兩

到户部兵部　菘錫侯蕃本日放鹽茶道來見

十七日晴　入對將三刻巳初散直赴順天府黃與周年伯母

順道答客午後雨夜來晤至樞署

十六日晴 入對四刻許巳初散直 麻作卿來晤 貴州候補羅星潭道

應毓來見人頗有才尚須歷練前有條陳之件

由都察院代奏本日奉〇〇旨發往直隸交李鴻章差遣委

用若笙來便飯久談 麻竹軒

十九日午前雨午後晴 入對二刻許辰初三刻散直答拜崇文山并

送行赴熱河都統任 到戶部兵部午後到樞署 法署使巴特納來

孫穀庭同年冀謀以安慶府倅滿卓異到京來晤

二十日晴午前雨午後 入對二刻許辰初散直午後到樞署 日署使倭 [?]澤來見

文山來辭行

江南正考官馮譽驥副許有麟陝西正考官尹琳基副陸潤庠

二十一日晴 入對將三刻辰正三刻散直午後到兵部戶部至蔚庭處久坐蔚庭旋來話別夜雨達旦

二十二日雨 入對四刻午初散直回寓小憩到樞西書屋（英潘譯 刑部）來見 作錫蕃書

二十三日雨 入對將二刻辰初二刻散直阻雨未赴到署作毓兄書

二十四日雨下午霽 入對將二刻巳初散直若笙來晤（時益西署刑左也）午後到兵部戶部 連日大雨有妨秋稼頗盼放晴矣

二十五日晴 花衣第一日寅初進內入對不及刻（出景運門進保泰門過阿哥所）至壽宮聽戲辰初入座東西各五間共五公大臣等四十（軍機在東邊第三間）

八人外廷惟文職一品得與○○賞膳桌菓盤奶茶等
未初三刻退出散接行生五月廿六日書
二十六日晴 丑初二刻進內入對寅正二刻○○皇上陞座行三叩首
禮卯正二刻○○皇上御乾清宮受賀行禮如常儀辰
初二刻入座聽戲未初二刻退出○○賞如意袍褂料銅
手爐磁花瓶洋磁盤帽緯大荷包等件小對餘賞見前
接棠星階書
二十七日晴 入對刻許卯正三刻散直宣春翁來晤午後
到戶部兵部極署
二十八日陰 入對刻許卯正散直長筠廷辭行赴河南共備刀

任新疆保定遺缺府宜子望霖來見 户部雲南司李學易 辛年京察一等

二十九日晴 入對一刻 辰初散直 午後到兵部户部 樣著

俄署使凱陽德英諸譯 雨 辰後來寺 傅言 錫嘏 紀症 樣來

壁利南禧在明來見 湘署義什倫

亥 四子維止心實節縣之 李 遜 瑊責遽 早子 太后萬壽摺到

亥 接南皮省信

三十日晴 入對一刻許 辰初一刻散直 午後出城拜客 在□雨 壽小泉晤談

辰刻客來 李次雲 麻竹師 安式岩 後作生書 留李漢斌

七月初一日陰雨 入對刻許 辰正散直 見客 起 麻竹師 羅星潭

午後到兵部户部 樣著

初二日晴 入對刻許 卯正三刻散直 作錫蕃書 因其患恙

韋榕（岸宗丞念）差孫貴前往問視也

初三日晴 入對一刻許 辰初散 直午後到兵部、戶部、樞署

道孫燮臣同年喜（二世兄完姻） 新授桂林遺缺府秦夫伯煥

來見（二人部本局 京察一等） 本日換羅胎帽（亮）沙袍褂

初四日晴 入對時三刻 辰正散 直旭人來 午後到樞署即

往巷拜日斯巴呢亞署公使倭署 雨 辰信來 言接

六月廿二日家書 錫蕃諸（三）姪（自樞署散赴）隨京平復矣 向之稍覺馳多

初五日晴 入對時二刻 辰初一刻散 直午後到樞（署）赴英

館與威使論洋藥釐稅併征事

初六日晴 入對一刻許 辰初三刻散 直（殿）鎮青來 詳門赴廣

河南正考官曹煒
副朱文鏡 山東正考官
洪鈞 副張有熙 山西
正考官周晋麒 副
吳峋

西安同住午後到兵部、户部拈阄
初七日晴 入對三刻 辰初散直 沈君來 三兒婦生辰 借大臺
宫戲一日 頗有可觀
初八日晴雨間 入對一刻許 辰初二刻散直 恭邸新構鑑園
落成 約同人看荷 作竟日之叙 回寓已戌正矣 在座客
七人 佩蘅、經笙兩師相、大司農[illegible]醞卿、師秋坪、周年[illegible]、[illegible]坪
尹杏農、夏伯英太常及余也
初九日晴 入對二刻 辰正散直 顧軒之二舍郎世兄 諸儀仲 習恪
應京兆試來見 顧軒有書 為詢近状 又見客一起矣
雨生峋昨日放山西副考官 午後到兵部、户部、刑部拈阄

初十日晴 入對撥三刻 辰正先散赴庫收長蘆善慶餉七銀

萬六千餘兩放廂黃正黃兩旗米折等銀九萬七千餘兩

羅餘堂 慶邸 鄭邸 發放後來見 仙引疾 兵右教許雲

十一日晴 入對一刻 辰初散直 壬子同年公請（翁）師 集志萬 翁雕 麟仍令鄭孟署 醴頭謝恩

雲宅主七人 景秋坪 潘伯寅 繼述堂 張震亭 萬雲及

余 經笙 所相丁未少農師房亦與焉 請客九人 到七人 尤九人

述韓 孫穀庭 承子健 鄧香園 景子千 范鶴笙未

到三人 何秋亭 何小亭 上官南村 演三慶部 燈翰竟日

夜微雨 貴蓮窗見面 磕頭 寅正三刻 初

十二日晴 具摺謝恩 丑正入直 入對三刻 恭慈安皇太后萬

壽行三叩首禮辰初子蒞齋宮隨班行禮慈親因寒發咳嗽業出 甫往禮成家人趨報仰正後

肝氣閉良久[illegible]急遽歸已稍愈速請蘇

軒再長先後診視云係寒食[illegible]凝滯所致六脉無恙

服消補兼施之劑甚費對症午後[illegible]漸平復[illegible]之餘

良深欣慰燈後庫兒張鞏恭接祖先

十三日晴 入對一刻卯正散直若在外未下後午刻祀先 行中元禮

招署 英使威妥瑪來 慈親起居飲食漸已如常慰甚 老身人 精

神殊困[illegible]以坐聲所[illegible]

十四日晴 入對一刻許卯正二刻散直右銘來晤午刻兵

部六哥出城祝白蘭巖七旬壽便道答客

十五日雨中元節　入對不及刻　皇上詣奉先殿行禮內右/左門站來回班卯正三刻散直午刻祀先至總署未正回

十六日陰微雨　入對三刻辰正二刻先散赴顏料庫收發鐵

寓季和來晤[illegible]伯葵自南回京

務詢錫蕃及鯨兒近狀

十七日晴　文宗顯皇帝忌辰入對刻許卯初三刻散直恭詣

壽皇殿隨同行禮午後到兵部戶部總署着

星源辭行赴陝西糧道任

十八日晴　入對三刻巳正散直午後到總署穆圻辭行赴陝

西學政任

十九日晴 入對二刻辰初二刻散直送穆軒行午刻約
邀人右銘李次雲麻竹所羅饒當便飯晡後竟日閒
增蓉舫作古深惋惜之跋李叙所書 換芝地紬袍褂
廿日晴 入對四刻巳初散直 雨辰來便飯午後到兵部戶
部接白石 接錫鑫翔甫手書知病勢初好精神尚弱[illegible]
兜亦有信稍慰馳念
二十一日晴 入對二刻許辰正一刻散直午後到總署 秘使愛勤謨來
接曾沅翁書委員祝汝霖領部撥銀廿萬兩 夜雨
二十二日雨 入對刻許辰初一刻散直昨今偶患水瀉頗覺
疲乏 接左季高六月廿七日手書論俄國換約事甚詳

裕壽山師門回皖接任

二十三日晴雨間 入對二刻許巳初散直午後到兵部、戶部總署

二十四日陰微雨 入對二刻許辰正一刻散直 洪子彬 緒 昨放九江道來見午後赴黃雲莊、鄧承子、健之、范鶴笙等諸同年公請道路泥濘殊甚

二十五日陰晴不定 入對一刻辰初三刻散直 新授廣東廣州府蘇菊泉保衍來見兵部京察之答考 年後到總署接俄使十二月書論變通邊界遷道情形 擬西邊移北運

二十六日陰晴不定 入對一刻辰初一刻散直午後到總署 愛勤 漢來 新放湖南孫稼生家穀來晤嚴衡伯表弟 趙寅臣試下 楊寓中

二十七日陰晴不定 入對時二刻辰初三刻散直午後到兵部

戶部 孫燮庭見辭行回安慶赴任

二十八日晴 入對三刻巳正散直馮夢華辭行回湖南午後

到總署

二十九日晴 入對時三刻辰正二刻散直厚菴來談午後到

兵部戶部 向伯葵病後同來夜談

八月初一日晴 入對二刻辰初三刻先散赴庫收湖南

餉銀十六萬六千餘兩放廂黃等旗俸餉銀二十八

萬六千餘兩內八旗王公大臣官員等秋俸銀十八萬九千餘兩封庫已申初矣

新授閩撫勒少仲方錡來晤久談

順天正考官徐桐副
志和殷兆鏞錢寶廉

初二日陰　入對將二刻辰初一刻散直午后到兵部户部總（答勤少仲）
署夜雨
初三日霽　入對將三刻辰初散直午后到總署　璧利南禧在明來
接曾沅浦邵汴翁書
初四日晴　入將二刻許辰初三刻散直奠文並癸卿夫人
問佩蘅師相病晤後到總署　阿恩德來
初五日晴　入對二刻辰初一刻散直玉階到京來晤
鄴中一別忽二十年矣久談留飯右銘辭行回湖
南午后到總署　威妥瑪來
初六日晴　入對將三刻辰初一刻散直午后到兵部户部答玉

陪佳賢、長壽久談
初七日晴 入對二刻許 辰正一刻散直 午後到總署 意使盧嘉
德、和使費果孫、比
署使謝慧施來見
初八日晴 入對將三刻 辰正散直 鈞兒進場 芸史、衡伯、華仲
均在寓起身 午後到兵部、戶部、總署 訪玉階 晤查 接孫燮之
月廿六日梅卿來言 錫蕃病勢漸減 然據述情形亦正可慮也
初九日晴 入對二刻 辰初一刻散直 午後出城 詣雨辰商錫蕃
醫藥事 至李俠、葰塘在館處略坐 葰塘將扶護南
歸 在館廿四後即出京也
初十日晴 下午微陰 入對一刻許 辰初二刻散直 赴庫收湖北等省

餉銀十五萬五千餘兩放米折兵甲等餉銀二十三萬六千
餘兩 午正二刻封庫 鈞兒於午初出場首題必有得
博施於民而能濟眾至必也聖乎向非所習文殊不佳付孫貴
書附兩長孫家信切囑錫番調養子宜勿派番核朝審
十一日陰雨 入對四刻巳初二刻散直 鈞兒進二場午後出
兵部二人郵撥署 換實地紗袍褂
十二日陰 入對二刻辰初三刻散直 湖北伯夔瞿廣甫廷韶
來見 午後到樞署 日本使宍戶璣來見 核看朝審冊共二十
四起人犯三十六名內情實五起犯六名緩決十起犯二十一名留
養八起犯八名不准留養一起犯一名擬議先當益[illegible]商
夜雨

十三日雨 入對二刻許辰正散直 鈞兒携旋亦出場 黄白堂

雨 袁僧監 年仲儀 史衡伯諸君出場已晚 甚覺 自蜀後 □□科

場遇雨 真失著了也 金忠甫 蓋旋來晤

十四日午前雨 後晴 入對五刻許巳初散直 鈞兒進三場 麻竹師辭行回山亭午後

到兵部 户部携署 成竹坪少宰林以猝病作古 上有老 下因致母要無嗣息

琳姚孀婦往視師 貧甚殊難為懷也

中秋節晴 入對四刻許辰正散直 諸谷師兒自内務處玉略

來久談

十六日晴 入對將二刻辰正散直 鈞兒已於寅刻初卯出場矣

毋後趙文書田招飲 午後赴之 廣伯 彭 仲華 出席 安之

同席有戲行頭甚好燦爛皆家製衣也戌正三刻揺回寓換單袍褂

十七日晴入對二刻許卯正三刻散直午後到兵部戶部揺寓

順道拜童薇翁、錢自慎、周蕙旋、崑筱峯、彭叔福、建學政

十八日晴入對三刻許考試滿軍機第一日內閣三十二名巳正

二刻散直伯玉偕便飯邀若笙陪作竟日談

十九日晴入對五刻考試滿軍機第二日吏戶禮兵三十二名

巳正二刻散直桂文圃辭行赴浙江湖州府任蓉隆兄之胥

鄭卿來晤午後到揺署西威使倩夫水陸提督來見

二十日晴入對二刻許考試滿軍機第三日刑工理三十二名

巳初三刻散直午後到兵部戶部揺回寓德使巴蘭德來換暖帽

二十一日晴入對時三刻巳初散直王階來語別譚文卿中丞
明日即門辛皮往送
[illegible]
到京來晤久談晉晤吳秋駿卿積辭行客去始晚膳已近黃昏矣
矣換夾袍褂
二十二日晴入對時六刻巳正散直答譚文卿晤談半時到總署
會齊植蓀同拜意義和比三使暨英國兩提督勤少仲來拜行久談
為太后諭以樓揚福隆當從三序命銷兒徒陪
廿三日晴入對三刻巳初一刻散直午後到兵部戶部拈
四書題樓孫墨題古杭州來寫言錄舊日乾見孫秋谷欽安然無
善現滬溫補云新亦不致不對拈錄既系閱之
二十四日晴入對二刻許辰正散直午刻出城拜客晤南辰
孝侯鶴吳選青洪文衡伯目比仲　換棉袍褂

廿五日陰 入對一刻辰初一刻散直 文卿来談 午後到總署

兵部戶部文武岩令郎完姻賀之

二十六日陰雨 入對三刻許辰正三刻散直 午後奠竹坪

至總署 日署使倭澤来

二十七日雨 入對二刻辰初三刻散直 次典来晤 復佩夫書

二十八日晴 入對二刻許辰初一刻散直 上年收湘北籌者飾銀二十

二萬餘兩放普祥峪廠料抄便籌銀五萬六千餘兩到兵

部午後總署同人公奠成竹坪 向孫燮臣同年病暇從時

以外症請假也 候延世兄寄筱夫信并履件

二十九日晴 入對三刻辰正一刻散直 午後到總署

巴蘭德来

議撤有眉目 謙修均爲 本日有旨譚鍾麟調兩粵

九月朔日晴 入對四刻 辰正散直 擬譚訪文卿晤談 午後到兵部

户部向伯奏病 今年無務矣

初二日晴 入對三刻 辰初一刻散直 先大夫八旬晉一冥壽 敬謹設

供於祀 萬笙來談 午後到樞署

初三日晴 入對三刻 辰初二刻散直 赴庫 收崇文門稅項壽銀

六萬九千餘兩 放正黃等旗餉七萬五千餘兩 祝肅親王

隆懃壽 午後到樞署

初四日陰 入對二刻許 辰初二刻散直 預祝吴江師相壽

午刻到兵部 出城拜客 至嵩雲草堂 偕嵩犖公請

張霽亭同年（將赴浙江學政任）邀鄭小亭黃漱蘭方勉
甫洪又騤洪君居隱庵散已趕進城矣
初五日晴　入對二刻辰正散直謁小山之世兄完姻賀之順
道拜客從靖鎮總兵李冠卿勝到京來見未刻到總
署　換貂冠絨領月白襯衫
初六日晴　入對二刻許辰初三刻散直湖南學政陶子縝方琦
辭行晤午後到兵部戶部總署
初七日陰雨　入對二刻許巳初散直王粵風同年以（知府）分發省
分到京來晤田殿杭郡同鄉公請集寓雲草堂甘雨席
余與子適作客余今年五十初度子適四十年例有

與一峯也順道拜客酉初回寓

初六日晴　入對偕三刻辰正散直蘇藩譚序初鈞培到京來見由御史放知府至是凡六年宦途之蹇順[illegible]比矣孫春昇入覲昨日到京來晤久談因詳詢湘中近狀午後到總署　赫德來見　兵部接見

重陽　初七日晴　入對偕三刻辰初二刻散直陳伯雙　樊侯　辭行赴四川學政任仲耦之同胞兄也狀貌身量言動舉止兩昆季難以辨　亦奇矣午後到兵部戶部總署　俄國使出勤　洛德來

初八日晴　入對偕三刻　辰初二刻散直代秋坪赴庫收捐項等銀四千餘兩放廂紅等旗米折銀兩八萬四

千餘兩。壽峯來晤，述召對情形甚妥。山西學政黃仙陪

玉堂來辭行。本日換羊皮冠、黑絨領、白袖頭、珠皮褂。

考試軍機滿蒙章京本日帶引見，取五十名，記三十名。

十一日晴。入對二刻許，辰初二刻散直。答拜譚序初、孫壽峯均

晤。見文卿，辭行，久坐。旭人來，談。午後到兵部、戶部，總

署。接孫燮臣自京寓言，錫蕃病日有起色，現補刑部，甚對，可慰也。

十二日晴。入對二刻，辰初二刻散直。訪文卿，未值。午後到總署。

奧斯馬加使何福爾到京來見。○意使盧嘉德來辭行。

十三日晴。入對一刻許，辰初一刻散直。午間出城拜客，晤譚。送

文卿、中丞張靄亭粵使行。靄亭即在文卿處得晤。慰胡小蘧

時有喪明之痛。在荃堂處不坐，因和回寓。李冠卿坐雅侯談。

十四日晴 入對二刻許長正一刻散直 何鐵笙新授揚州府 金壽來見 午後到兵部 戶部 樞署 接子松八月廿日書

十五日晴 入對二刻許長初三刻散直 榮仲華嫁女 賀之 順道看志藕雲 常觀園署 任筱園謝補直藩到京來見 又見客二起 惲小山 宜子望 午後到樞署 秋闈揭曉 鈞兒挑謄錄

十六日晴 入對二刻 巳正二刻散直 今小竹師相重宴鹿鳴 肅邸宴賓未到 恭諸陔賀 文卿來話別 即留午膳 到樞署 偕經佩兩府暨秋坪同赴肅邸 少坐即回散 秦炎伯辭行赴廣西任

十七日晴 入對二刻許長正二刻散直 答拜任筱園 午後

到兵部、户部，奠龔姒雨少空，順道答客，李尉卿勝嵩、錫侯壽均辭行。接筱荃制軍書。蜀人敖安寰郊荊道

十八日晴 入對將二刻，辰正散直。新授江蘇藩司盧藝園素到京來見。午後到樞署，英使威妥瑪來，次典來晤。

十九日晴 入對二刻，辰正散直。午後到兵部、户部、總署。換海龍冠、銀鼠袍褂。

二十日陰 微雨有雪意 入對將三刻，辰正二刻散直。答盧藝園，筱園來辭行，晤。午後詣醇邸祝壽四十正慶，赴文昌館江蘇團拜公請，酉初進城。

二十一日陰雨 入對將二刻，辰初三刻散直。送任筱園行。午後

並兵部户部摺署　孫貴自杭回寓述知錫蕃病状雖漸
見好仍未有十分把握家庭间尤有難言之苦處亦可慨也
二十二日晴　入對將二刻辰正三刻散直雨辰未從到摺署
二十三日陰雨　入對二刻辰初三刻散直出崇受之禮來晤本日
與麟芝庵同派總理衙門也手　致菊亭書
二十四日霽　入對二刻許辰正二刻散直午後到兵部户部摺署
新授熱河道貴錦泉成來見兵部本届京察一等道
二十五日晴　入對將二刻辰正二刻散直預行孟冬祀先禮
春皋來久談午後到總署即赴德館答拜奧使
柯禧泉并送意使盧嘉德行　換灰鼠袍褂

二十六日晴 入對將二刻辰初二刻散直午後就近拜客晤
崇受之麟芝菴到總署 換黑袖頭
二十七日晴 入對將二刻辰初二刻散直午間到總署飯 芝菴到署
譚序初辭行赴蘇藩任
二十八日晴 入對二刻許辰初三刻散直約壽臯便飯藉以話
別未刻到兵部户部歸途拜客
二十九日晴 入對一刻許辰正三刻散直至署書 鏡蓮 新放江
蘇糧道來見禮部本届京察一等送午後到總署 與使
何福爾德使巴蘭德先後來 接沂生八月初書
巴使商撫卹事大致就緒
三十日晴 入對將二刻 上詣 太廟行禮在 乾清

內詣來回班辰初三刻散直午刻到兵部出城送壽泉
行便道拜客晤錢湘吟王魚鳳在雨辰處久坐
十月初一日晴入對一刻召寅時寫壽見面時磕頭日坤寧宮吃
肉辰正二刻散直偕秋坪赴三庫衙門挑選庫兵到戶部畫稿
小憩到樓回看林俊卿都轉服闋到京來晤
初二日晴入對一刻辰初散直旭人來辭行赴李舜孫玖署平津
道將就養也午後到兵部旋赴英館論事
初三日晴入對偕二刻辰正三刻先散赴庫收閩餉壽五萬
三千餘兩放正黃正紅等旗餉七萬五千餘兩到戶部
全小汀師相以重宴鹿鳴在方盛館設席宴客午正

赴三部院堂官咸集甚盛举焉　酉初进城

初四日阴　入對五刻五分　巳初二刻散直　皖臬胡俊平　玉坦　到京　軍机满领班章京春笑如岫放徽州府先後来见　又见客一起　曾劼刚　午後到兵部總署　换洋灰鼠袍褂染貂冠

初五日晴　入對二刻许　辰初一刻散直　答沈　廣　彭恪谈　時特两余　赴陵查办事件也　新授福州将军穆春岩　圖善　来晤　盧鏊　圖　辞行　赴江寧藩司任　久谈　午後到總署　日本使宍户璣来商琉球事

初六日晴　入對二刻　辰初散直出城至财盛館奠王嘯崖　昕　荡慈悟道　拜客到户部　回寓小憩　下手段锡蓄貂兜各一匹　聽香新到　到總署　與俟佑福冬辭行

初七日晴　入對二刻　候天明散直　赘商堂教蜀吕　到東周蘭館　朝鮮蘇偷到京来晤　均久谈　午後到總署　英使威妥瑪来

初八日午前陰　午後晴　入對一刻许　辰初三刻散直　午初到兵部户部

出城答候卿（林）、柳精唔談，順道拜客，至雨辰處（論）錫蕃病狀

似此日久淹遷情形大為可慮（正不知何以討之）出通頁門進城

晏晴，入對，剣許，侯天明散直。又見河南試用道何星橋、福奎來

見，辛亥同年也。午刻到兵部、戶部（那赴）松署，公請穆壽岩

將軍。樓錫蕃花日書字，餘篆字，尚有精神，真大有起色。

初十日晴。慈禧皇太后萬壽。寅初三刻入，見，即直房小（磕三頭）

憩。辰初詣慈寧宮，隨班（行禮），太后受

賀後仍赴花園佛樓行香（慈寧）門外儀仗未撤，是以退班稍

歷看積達，辰正散直。午刻次閣松敘好平，子勝同席敘談

甚暢

十一日晴 入對一刻許，候天明散，直佩蘅師相請客，申(未初)刻赴之，共五席，自恭邸以次大半皆內廷也，觀(演)四喜部戲，甚好，戌正始散。

十二日晴 入對一刻許，候天明散，直出城，祝朱(宅)老姻太太五十壽，(三)視二席(祖母)，到戶部，共寫回(宮)署小憩，於選思州府蔡禔農同壽來見，與鈞兒同至工部同僚也，到樞署，下午仍至室宅聽戲，戌正歸。

十三日晴 入對一刻，候天明散，直到杭州道曹(吉三)秉樞來見，午後到樞署，傍晚仍到室宅聽戲，演(闡鐵決西塹台)西陵，闕見一新(方傷中具錄列軍制)，亥初歸。

十四日晴 入對得三刻，巳正散，直午後到兵部之戶部，樞署，謝福(見辛亥同年也)，挈其一婿一女到京。

十五日晴 入對三刻辰初三刻散直本日為錢孫聘定金憲甫銓

部保泰之次女沈吉齋水部范久也比部[redacted]作伐若壁

雨辰勉甫少宗伯和高廷試君均來致賀吉事有祥慈

顏甚悅

十六日晴[redacted] 入對二刻辰初二刻散直午後到兵部戶部摺署西

[redacted]法道方緣仲具錄到京來見辛亥同年到酉初

至宝宅聽高腔戲初請 恭邸以[redacted]五十初度預訂光臨辭李

桃謡堅辭不獲倉猝布置頗費周章

十七日晴風大 入對二刻辰正二刻散直午後到摺署即赴日本

館論琉球事回寓已酉初矣

十八日晴 入對將三刻辰正散直午後到摺署 威妥瑪來 晚間

兒輩設筵預祝團圓家慶 甚閙飯而要之有分餐

焉

十九日晴 入對二刻許午正一刻散直到兵部戶部晚同濟澧 印

諸人送席合稀鶴數(?) 京士丈 公頌閱來 在座 畫興

二十日晴 入對二刻巳正散直潮(?)兩席并預備良(?)劇恭邸宮 是日

沈董三師芝菴叟之伯言飲閑 約吉笙(?)以 請客寺刻 八賓一堂作竟(?)

日叙卿以次均畫歡

二十一日晴 五十初度 入對將二刻辰正散 巳正二刻(?) 直觀支致祝壽與人均留吃延餘

俱擋駕晚設兩席濟澧在座同人歡甚

二十二日陰大風 入對二刻巳初散直落簡堂辭行赴蜀自是任職 新授隸臬(?)

東屏山到京來見再演崑劇一日 黄馬年

二十三日晴風大 入對二刻許辰正散直赴庫收湖南等省餉二千萬三千餘兩發神机營餉十萬五千餘兩到兵部擬摺四篇歸酉初矣

小西蒙委道王其征 字安 到京來見

二十四日晴 入對一刻辰初二刻散直 王魯薌辭行赴蘇糧道任午後弔鈞姪 奠秋坪之兄 順道至謝客并看仲華病

在上房晤後以富陽高霞軒舂之典云醫理甚精也 順屬候補知縣椽決

二十五日晴 入對一刻許巳初一刻散直午刻到樞擔者勤謨 秘使愛 辭行回上海 就近謝客倪豹岑同年到8 見 赴京來晤擔設

二十六日晴 入對二刻許辰正散直何小濤同年來晤午後到兵

部、户部、总署。宍户玑来，论琉球事。

二十七日晴。入对将二刻，候天明散，直。直隶清河道叶冠卿伯英到京来见，论水利情形颇详。午后出城拜客。酉初归。[redacted]

二十八日晴。入对将三刻，辰正一刻散，直。午刻到兵部、户部、总署。美使西华来。

二十九日晴。入对二刻许，巳正一刻散，直。三妹忌日，忽忽六年矣。慈亲念及之，尚有余痛也。午后西城谢客，顺道看伯葵，已大愈矣。接子松十月十二日书，以天津河间被水，商量集资赈之，其存心之厚，真有人所不能及者。

三十日晴。入对二刻许，辰正二刻散，直。午后到兵部、户部、总

署燈下作鑑兒書 換鄧魁韶楙

初二日晴 入對二刻許辰初三刻散直赴庫收四川餉八萬兩放

廂白旗等餉七萬七千餘兩回寓小憩未刻到總署

初三日晴 入對二刻許辰初一刻散直經師因病未入直前詣向侯并

悟堂世兄朗伯山東候補知縣送樓春岩行午後到總署道延世兄敘并謝步

悟其四五兩兄仲過樓蔭翁壽女三世兄煜使娶承赴孫燮臣同年

招同席約答姪平洪君回寓已酉初矣

初四日晴 入對二刻許辰正二刻散直午後到兵部、戶部、總署

王益吾侍讀先謙以所編東華續錄見貽計乾隆朝一百二十卷

初五日晴 入對一刻許辰正二刻散直向經師病本日請假十

日似肝胃作痛也午後出城拜客晤袁鍫徽甫蕭杞山并見其世兄
患外症甚久問之似膈已[redacted]就瘥矣酉初進城
初六日晴 入對一刻候天明散直荅舫歸櫬送葬齊化門外東
嶽廟前往哭之并設奠焉到總署 何天爵訪壁 利南来
初七日晴 入對一刻許候天明散直午後到兵部户部總署
初八日晴 入對一刻許辰初三刻散直赴緞疋庫收辦並皖麻等
件問經師病氣痛漸止矣小宋之[redacted]大世兄何搽之燿章以江矣
府分發廣西到京来晤見務詢一切新選濟州府延壽峰昌
来見雨長顧談
初九日晴入對刻許候天明散直午後到兵部三户部總署上燈

敬行冬至祀先禮　賞水魚（山西貢品）

初十日晴　冬至節　入對二刻許，候天明散直，約偕俊卿赴□□□□（大養□代皮）

挽許君小叙□□□□□□　賞江綢袍料兩□張

又賞製衣魚鹽糖

十一日晴　入對一刻許，候天明散直，周幼芝之世兄文令來晤，甚

詢文勤近狀，幼芝現官户部廣西司主事，人明白，當差亦勤

文勤師後人多不振，深盼幼芝之能自樹立也。午後到兵部、户

部新樓署，寄玉階書

十二日晴　入對二刻，巳初一二刻散直，午後到署，盛昱來

十三日晴　入對將二刻，辰初三刻散直，向經師病已就痊，可十五即

銷假矣午後看總布胡同房屋上年派看過兩院現在〔合〕三院
局勢頗寬敞惜年久失修葺理不易似不合算也
十四日晴〔陰〕 入對二刻巳初一刻散直詣經師論事清河道英
魁卿來辭行 新選山東武定府奎瑞來見午後到兵部
戶部樞署 沈幼丹制軍因病出缺老成宿望繼起實難深惋惜之
十五日晴風大 入對二刻許辰正二刻散直房鶚岑來辭行久談午後到
樞署 戚多瑞來 峴莊調兩江振軒升兩廣檀甫授閩藩〔因撫〕
十六日晴風大 入對二刻巳初一刻散直署檀甫同年過小宋
兜安姻親改調江藩來晤久談頗授西鞫昌菡恩 良來
見午後到樞署 俊卿放山東運使

十七日晴 入對時二刻，辰正三刻散直。綏卿來晤，久談。午後到
兵部、戶部。
十八日晴 入對時二刻，候天明散直。祝英鶴卿六十壽。芝莊先生來
便飯。到 未刻 戶部，從署 酉 德來見 賞鹿尾、野雞
十九日晴 入對二刻許，候天明散直。午 刻 間 出城拜客，晤李蘭
孫同年、張幼樵、仿講，均久談，酉初歸。
二十日晴大風 撥冗 入對時三刻 寅刻，巳初散直。祝蔡卿壽，順道拜客 川
[illegible] 檀浦談，午後到兵部、戶部撥署。本日戶部奏更 請
換盛京牛馬稅監督一摺，請革內府未將前日戶部將
畢之、戶部侍郎岐元、衛松溪見面時 石 磕頭請處

分

二十一日晴 入對三刻辰正散直湖廣館吳瞿廷韶來見

未刻到總署 璧利南禎復 明來 硯芸來 本日有旨崇

厚奉命出使不俟諭旨擅自回京開缺交部嚴議

二十二日晴 入對將五刻辰正二刻散直午後到總署王其

丞來談 接沈經羆十月廿八日信 錫蕃病勢大是可危如何

如何即作數行寄錫兒

二十三日晴 入對將五刻辰正二刻散直赴庫收江西等省餉銀

二十一萬六千餘兩放神機營餉等九萬二千餘兩到兵部換

署觀階德來 回寓已過申正矣 雨辰接金步伯信錫蕃病勢

欲不可爲急需寄來、未寄種書並孔遞付號兜數目號

已無及矣奈何奈何

二十四日晴 入對二刻 是日恭進實錄 巳正至太和門外

金水橋南隨班跪迎 午後到總署

二十五日晴 入對一刻許 巳初散直 午後到總署 即赴俄館德

館回寓已酉正矣 接錫蕃十月廿二十一月初兩書雜信

人代筆而叙述瑣碎尚詳 其精神或尚可支也 賞

野雞 細鱗魚 是日卯初 皇上受書於毓慶宮 因尚未述旨

加恩實錄館總裁並纂修著照律

旨 寺克隨班行禮 賞紀錄一次 承旨時碰頭謝

二十六日晴 入對將三刻 辰初二刻散直 赴總署會同各部

院至各國公使館賀年共英法美德日[illegible]五處德使巴
蘭德病到門投刺而已
二十七日晴 入對二刻 辰初三刻散 直詣恭邸道喜 明日徽貝勒受封
答金小汀師晤談 又各處道喜 佩所靈卿 翁志靄雲 遂亦道李
靜山姑祐希見鶴山到寓引8見握腕甚歡情努々
出門未及晤 後到兵部二戶部 後回看接隨元 和七日枕
州來信 錫蕃之病雖無變狀亦無起色 實可危也
二十八日晴 入對刻許 辰正一刻散 直旭人自天津到京來晤
下午訪張子騰學士 請伊起一文王課 問錫蕃病遇
卅々謙云病甚危 都有救 并寄有錫蕃夫婦八字云

大局無關子授國情於此述病情甚变不敢遽信也晚邀
拜客晤麟芝庵新選三條胡同
廿九日晴 入對四刻巳正一刻散直午後到總署仍隨經韞兩
師赴英國公使館威妥瑪所設也論中俄換約事 郎子英軍
門到東西兩塗在敌〔?〕未值
三十日晴 入對將三刻辰初二刻散直訪子美久談午後
到兵部戶部總署 文賢夫潘師到家燈後來晤
十一月初一日晴 入對二刻辰正二刻散直蘭莫宋樾山夫人答鳥
送峯少宰晤午後到總署 威妥瑪歐陽德 何天爵先後來
初二日晴 入對刻許辰正散直午後出城訪鶴山未值晤旭

以人何葆葆也先生生雨辰處知其慈慈就卧室視之有欵
風邪初起神識不甚清楚今已稍愈然猶痰滯火也
出談有頃酉正進城　賞柿餅
初七日晴　入對三刻辰初三刻散直午後答賀夫暖設到兵部
户部　摠署
初八日微雪　入對將二刻已正散直暮奠英蘭岩至總署
飯未初歸　王鵬來晤　子美來久談
初九日晴　入對三刻　詣詣壽皇殿隨同行禮穆穆宗
忌辰也已初散直午後到摠署
初十日微雪　入對四刻許辰初三刻散直午刻到兵部户

前從署 鶴山來夜談
初十日晴 入對一刻許 辰初三刻散 直回寓小憩 至總署會
同各部院赴俄館賀年 下許 酬鄭子美罘門約
鶴山陪叙 談甚暢
十一日雪 入對二刻許 辰正一刻散 直午後到兵部戶部 總
署 連接陳 元十一月廿九等日來稟 錫蕃病竟垂危 萬無
生理 奈何奈何 即晚定鈞兒回杭看視之議
十二日微雪 入對四刻許 辰正一刻散 直午後到兵部 出城
看雨辰 病較前稍愈 畧述錫蕃病狀 不敢盡
言也 張子發卿撫寧事回 告野任過京來晤寄

八宮各八見面時磕頭請跪時不磕頭　毓慶宮兩書
房外廷文一品
門跪班　辰正敬立（臨）請恭二阿哥及各路內務年共十處回
的磕頭
宮敬神中刻祀先（適）奉到閏三月初六日8卑恩請（封典）命四
軸敬謹陳設用告先靈本身　家多喜慶並宣閱庫強
該着順遂惟以鍾堵之變憐念毓兒中書隱痛殁二
歲事弥覺無聊也

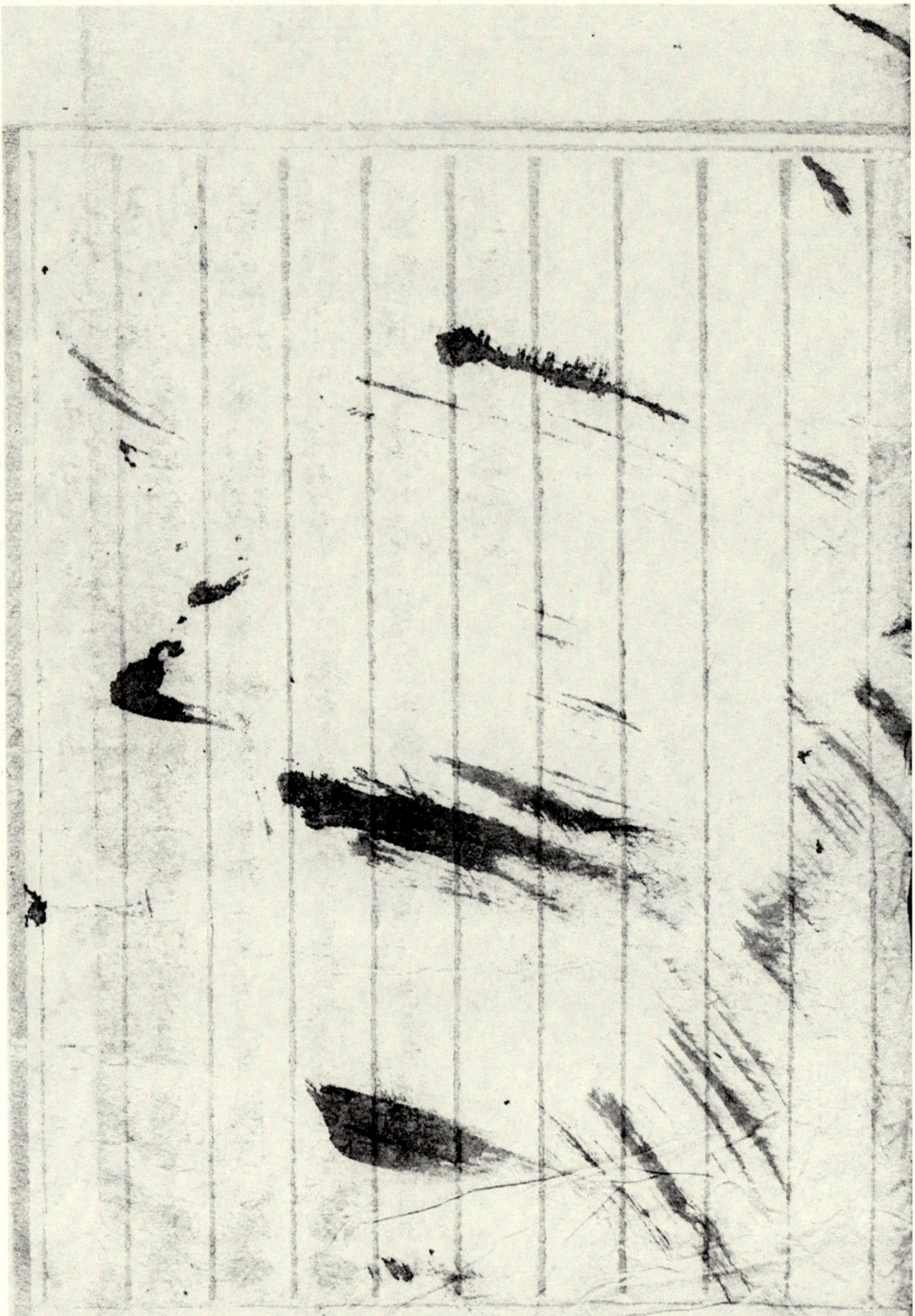

十一

庚辰日記

三月起年終止

全

光緒六年庚辰五十一歲

正月戊寅元旦己巳晴子正三刻起丑正到直廬寅初一刻召見賞福字荷包八寶錢錁等叩賀叩謝如儀其慈寧宮太和殿壽皇殿行禮時刻服色均同前年初回寓叩賀慈親新禧拜天地祖先畢小憩一時許是日天氣晴明氣象甚好如意回賞

初二日陰微雪入對刻許坤寧宮喫肉黑貂帽補褂班次在內廷王公之後蒙古王公之前辰正前二刻散直西城拜年到[illegible]部兵部摠署

初三日晴入對二刻許巳初散直北城拜年頌閣來夜談本

日王大臣等会议奏上有旨派曾纪泽出使俄国再
行妥议崇厚罪名仍派原议王大臣会同定拟具
奏以刑部所请也
初四日晴　入对不及刻辰初散直东华门南夹道左近拜年午正归
總署即赴俄馆面言另派钦差与会贺夫来夜谈
初五日雪　入对二刻许辰初一刻散直四牌楼北拜年午正刻归
總署晤张香涛宫詹来商办边防事宜
初六日晴　入对二刻许辰正一刻散直东华门北夹道拜
年　若農来便饭久谈　本日始得锡蕃之寰書知
萱闱伤恸之餘尚能自解然高年遭此激憾亦大

難為懷矣　夜作鈞兒書并寄涵兒數行

初七日陰　入對二刻許　皇上詣　太廟行孟春時享禮　乾清門外祗來回班　是日忌辰仍穿補褂掛朝珠　巳初二刻散直午後到兵部二部送貨夫行試帳夏子庵

初八日晴　入對不及刻辰初二刻散直　賀惇邸喜　潤將軍完姻　由牌樓南拜年午後到樞署　是日李蘭孫同年假滿請安　有旨仍在軍機大臣上行走

初九日陰　入對一刻辰初二刻散直午初出城拜年在李侯着壁處各少坐　夜雪

初十日晴　入對將二刻辰初二刻散直冀文秋吟徵太夫人

回寓小憩，到總署，是日各國公使來拜年，邸、晚堂
官咸集，俄使凱陽德未到。梅筠兒十五、廿一日直隸豐河平安報。
十一日 晴 入對將四刻，巳初散。直竟日謝客，改定會議邊
防奏稿，軌、張香濤宮保擬底，切以州縣同也。本日郭
子美調直隸提督。寄諭台閩改銘字安曹克忠、劉
秉璋、潘鼎新。
十二日 晴 入對一刻許，辰初散。直新調山東藩司崇雋
峰保來見。午初刻到户部，西南城拜年，在伯寅處少
坐。
十三日 晴 入對二刻，辰初散。直午初到總署。戚、安、梅筠兒電來。

十二月十二日山东崔家庄平安报　赏元宵

十三日晴　入对二刻　8日至上诣奉先殿内左右门跪来回班已初二刻散直罪是泽　應號来見午後函摺署　盛昱連　瑪来

接陈元十二月初七十三十七日并白家信平安报

十五日阴午后　徽宿入对将四刻　保和殿赐蒙古王公筵宴乾清门外跪出班跪回班　穿貂褂不已初散直午后颂阁仍自至琉璃厂火神庙一游　进得奥王梦楼字小立像蒋廷锡画一幅大堂价二十两

又买山舟字幅小堂　蓝田叔画幅堂　杨子鹤画幅中堂价廿两

十六日晴　入对刻许　辰正散直午后函摺署　常燮之来述今日刑部堂议崇地山罪名情形　燮之时署刑左　改定

戶部籌備餉需摺稿

十七日雪 下午霽 入對將三刻辰正散直赴內閣會議事件

一籌辦邊防總署者主稿 奏初四日寓 崇比照 劉書增

一崇厚罪名刑部主稿 識已施行斬候

十八日午前雪 午後霽 入對將三刻巳正散直覆核籌備餉需摺

稿未出門

十九日晴 入對不及刻辰初開印以後散直到戶部回寓小憩

午後到總署 樓書亭書為襲封衍聖公孔令貽年八歲

說親當晚後之相隔太遠非若親所願也 白風毛褂 換染貂冠

二十日午前陰 午後晴 入對一刻許辰正散直午後蕭奠譚竹為夫

人 到總署 何天爵來 看保蘅師相病晤談 奉賞甜橙 本日廣東所貢

分潤二十五枚 晤臣許筠庵甘肅學政同年應騤到京是日卸署兵左

二十六日晴 入對七刻許未正二刻散直是日會議邊防疏上共八條一西路邊防一北路邊防一東路邊防一北洋海防一南洋海防一籌餉一節流一團及求才均分別照行核飭也

昨日李家莊安報

二十七日晴 入對一刻許辰初二刻散直未後到戶部總署

二十八日晴 入對將三刻辰正散直午刻出城拜年到三十餘家在徽蘭處久談 本日會議崇厚罪名疏上旨另照議

[redacted]

廿九日晴 入對一刻許辰正散直答拜崇雋峰 午後到戶

部樞署
二十五日晴 入對將二刻巳初一刻散直午後到總署許筠菴來晤 本日户部籌餉疏上臚列十條奉有明發 庫存
諭旨又會同總理衙門奏撥邊餉二百萬兩先提四成洋税一百萬兩備用奉有旨寄諭 昔庭州鄧撫丁憂 偉之
接彥侍書 夜微雨
二十六日霽 入對二刻辰正二刻散直午間到户部出城拜年到二十餘家晤何芷庭世兄到京引見 在雨辰處少坐 夜雨
二十七日微雪 入對將二刻巳正散直午後到樞署 薛玉利南來
二十八日晴 入對二刻巳正二刻散直午後到户部樞署
恭邸請假旨賞吉

二十九日晴　入對一刻　巳正散直　午後到樞署　巴蘭德來

三十日晴　入對一刻許　辰初三刻散直　向恭邸病並預祝瀅貝勒二十壽（二月初一日賜壽）　赴庫倫致蒙古王公俸十二萬六千餘兩

接鈞兒十六日安報　知已於上元節安抵杭城　一路平安為慰（初八自清江開船　十二過吳門　此行廿日計　迟迟矣）　兒無恙　差足慰也　舊僕張二病殁卿寓　捐洋廿爲卹

二月初一日晴　入對一刻　○坤寧宮吃肉　辰正二刻散直　新授陝安道張芝浦端卿來　見雲齋亭同年之胞弟也

初二日晴　入對一刻許　慈禧太后聖躬欠安　召見時　慈安太后在座　又看藥方　并諭知病狀　意甚焦急　蓋緣思慮傷脾　眠食俱損　近日益不能支　現進參朮等品　惟以純

受福為幸也。巳初二刻散直，午後到部、到總署，接子健
正月十六日書，殿以東三省防務為念，與王大臣會議之
疏不謀而合。
初三日晴。入對時二刻，辰初二刻散直。接鈞兒正月廿六日安報，
知鈞兒已定議來京矣。又作朗軒書。今日聞慈禧太后
聖躬稍安。
初四日晴。入對三刻，辰初二刻散直，午後到戶部、總署。
初五日晴。入對一刻許，巳初散直。何芷庭世兄來晤，又見客
一起，福世侯言（已補道州）。午後到總署，即赴俄、德兩館，俄送
國書稿與看，德議條約修飾多就緒。接鈞兒正月十六日

蘇州卅次書

初七日晴 入對將二刻 辰初三刻散 直易寅甫 順長來見 并送 應元齋試到京

刻鶴丞才可畏惜乃氣之秋耳 譚麗生到京 辦詞湘中近多 約初十日移榻寓齋

作仲韶書并寄鈞兒數行 得銀鼠褂

初八日晴 入對刻許 巳正三刻散 直午後到户部 蔚庭回到京 至伯

葵處候之 申正歸 閱邸職 昌叔潤辰壽帳設也 換銀鼠褂

初九日微雪 入對二刻許 辰初三刻散 直 訪毅廣東雷瓊道遺缺

道童遂菴、樾來見 午後到樞署 換銀鼠袍

初十日晴 入對一刻許 辰初一刻散 直午後到户部 總署 問芝

菴病 晤談 穀士 蔚庭來

初十日晴 入對時三刻辰初三刻散直赴庫收稅捐等銀二千七百餘兩放正白等旗米折銀等九萬二千餘兩歸途送毛旭翁行 時特扶護回籍 午後到總署 接鈞兒正月廿八日安報 麗生移榻寓齋

十一日午前陰後晴 入對一刻許辰初三刻散直 午後到工部 總署 延仲穆世兄熙自清江到京來晤見知鈞兒語述鈞兒并派砲船護送南行

十二日午前陰後晴 入對二刻巳正散直至董殷兩處道喜 韞師遣嫁孫女 譜翁嫁 出城至文昌館壬子團拜公請諸公師相並周何杜洪諸世兄共七席 同年到者丙滿漢八人 餘皆年弟兄及年姪也 科分漸老人亦日漸少矣

十三日晴 入對刻許巳初一刻散直 伯葵攜烟賀之 梁檀浦

畏年辭行赴江西潘任楊子和雲階放平陽府來見

十四日晴 入對三刻辰正二刻散直 會李蘭舟京尹朝儀送學

檀浦力均西晤莫文秋瀛徵午後到二三刻許挽書

十五日晴入對刻許辰正二刻散直 先光祿諱日忽忽二十二年

矣午後到總署 新放潁州府曹雲屏 煒 來見 英使將

回南 錢之密屬九生余以家忌不入坐

十六日晴 入對僅二刻辰初一刻散直 吳誠齋自蘇到京來

見 以留監補用務詢湘贛近事久談 到總署挽畧 璧利南來 接

道赴部引見

鈞兒初四日安報言 定於三月廿四日挈毓兒起程回京

十七日晴入對刻許辰初二刻散直鶴峯師邀吃肉偕秋坪
赴之大啖之下香美得未曾有午後到二人卽偕罥看李
木齋世兄盛鐸赴孔彰識來見晤久談陳子見客一起信州府蕭崇孔
十八日晴入對刻許辰初三刻散直芷庭來晤午刻出城至
雨辰蓉生處酌少坐主人皆他出矣江蘇團拜具柬相邀集文昌館
赴之與沂生同席其言極詼諧猶不減從前也酉正進城
十九日晴入對四刻辰初三刻散直預行清明祀先禮
見客三起鄧寅臣德彝膺郎務生本堉黃保如昆仲福珍松泉福楙
午刻出城仁錢館春祭歸途答吳誠齋晤本日芸
史動身旋里

二十日大風 入對一刻辰初三刻散直赴假足庫放〇〇東陵支領件 若笙来談卯回午膳到樞署接鈞兒廿日安報 新授杭嘉湖道趙雲鵬紳希来見

二十一日晴 入對三刻巳初三刻散直午後到戶部樞署是日 滿章京領班也

與德國巴蘭德定約蔚庭来夜談

二十二日晴 入對二刻許辰正三刻散直慰錫席卿珍斷位午後到總署 荷使遠城將軍定靜村安泰〇〇自京来晤氣息甚好語次多有條理又見客五起 金忠甫 楊雪漁 錢甘卿 李蘭石 方龍光 和甫

朱少虞 丙壽放廣州府遣鈇来見戶部希甫京寮一伏寺也

二十三日晴 入對一刻許辰初散直旭人自津到京来晤午後到戶部出城拜客 新授惠潮嘉道剛子良毅来見 換棉褂

二十四日晴 入對一刻許 辰初二刻散直 赴顏料庫校8
東西陵領件 吳誠齋、易寶甫先後來晤 午後到樸署
二十五日晴 入對二刻許 辰初三刻散直 午刻出城至太倉館答拜
卯赴財盛館年友團拜 接鈞兒十二日安報 換黏毯緞棉袍
二十六日晴 入對二刻 巳正散直 肯夫（湖南）卸學政任到京來晤 午後
到戶部 接署 新授肇慶府鍾蓉菴繁來見 戶部本
屆京察之籌也
二十七日晴 入對一刻 辰初三刻散直 會拜定靜村將軍（昨新署）
黑龍江 夏松孫應禮部試來晤 午刻出城赴文昌館
雲南同團拜（公請） 順道會客 接孫子城二月望日書 述近
況甚悉
二十八日晴 入對一刻許 辰初三刻散直 延仲樸來 又庚夫回任
後書 午後出城 候肖夫談 赴謝公祠 總署團拜公請 酉
正收散
二十九日晴 入對不及刻 辰初散直 候李木齋世兄晤談 到戶部
總署 接鈞兒十七日安報 又彥侍初五日書 夜雨

一

庚辰三月朔日晴 入對刻許辰初散直午後同曾栗諴病勸其勿勉強入場順悟李雨蒼時適同居也翁奉石麟佩鶴諸君仲弁訪蔚庭伯葵均未值到總署

初二日晴大風 入對一刻辰初二刻散直赴庫收旗租銀三千餘兩旗廂白旗餉等十一萬八千餘兩復彥侍書外粵東藩冊膚來見又手復鶴田一紙分發江蘇通判戴康士瑞麟來見少沐因斗〻煙也蔚庭來

初三日晴 入對二刻辰正二刻散直冀廣勵旃上公〻〻慈安太后〻胞兄終於杭州將軍任 前濟東道薛撫屏福成服闋到京來見旭人來悟又見客二起歐陽霖陳惟模 午後到總署答汪閏生順訪頌閣

均未值　夏安甫管琴舫来
初四日晴　入對三刻辰初二刻散直李佑臣到京来見又見客一
起　勞肇光香　午後到户部答拜孫子授未值至太倉館
船三子
久坐
初五日晴　入對一刻許辰正散直赴内閣陪同部院各堂閲看俄
約看分别可行不可行　總署原奏有旨交與張香濤侍講
會議王大臣閲看
談奉旨隨同閲看　午後到總署供宜孫世兄到京来晤傍晚
翰卿戴卿將到即下榻寓齋毋行亦可謂匆促矣接鈞兒
二月廿四日安報
初六日陰　入對二刻辰正一刻散直午後到總署美使西華来　是晚

見客三起 梁燦晉 徐琳湧 鄭祖煥 夜雨 會總秋坪 廿平 芝岑 鈞菴

初七日午後霽 前雨 入對二刻已初二刻散直 新授大順廣道劉子務 盛藻 到京來見 曾栗誠來晤談 到總署 宍戶璣來

接鈞兒二月廿六日安報 會試頭場

初八日晴 入對二刻已初三刻散直 梅小岩同年到京來晤 又見客一起 程從周 文炳 午後到戶部 翰卿頤慶生桐侯昆仲均在寓進場

初九日晴 入對刻許已正散直 陝西興安府童少輔 兆蓉 來見 湖南甯鄉人 午後到戶部總署

初十日晴 入對二刻已初三刻散直 午後到總署 孫萊符 宗錫

君諾宇穀　別宰來見　又見客二起　新選延建邵道奎俊

庶常吳誼卿大衡　誼卿久在蘇撫幕中　子健屬其述

近狀甚悉　會試頭場題　子曰吾與回言終日一章

乎是以論其世也　詩題　柔遠人四句　又尚論古之人

靜對琴書百慮清　晚閣來夜談

十一日晴　入對一刻許　辰正二刻散　直午後到戶部　出城訪[illegible]

翁晤談　聞季和病　問之　言昨已得安信矣　訪雨辰未值

楨兒赴天津迎侯鈞鏡兩兒　接曾沅翁　涂朗軒書

十二日晴　入對一刻許　巳初一刻散　直午後到總署　英法俄美德五公使來

平慶涇道魏午莊光燾來見　接曾沅翁　周荀塘　[illegible][illegible]衡

峰書　換絨冠　夾領湖色衫

十三日晴 入對將二刻辰正一刻散直訪鄭小亭同年商公請
吳江師相事答沈小鄰世井晤談午正到户部 安甫佑臣出場
後來 恭邸請假五日
十四日晴 入對刻許辰正散直謁徑師因肝發胃氣本日未入
直也芷庭來晤午後到樾署 夏芝岑觀察俸滿卓異到京
晤與久談藉悉湘中近事
十五日晴 入對一刻辰正散直午後到户部樾署前福建藩司王朗青
穗樓到京來晤又見客一起黃星閣辰接楨兒十三日抵津安報
十六日晴 入對一刻許巳初散直見客三起向徑師病周金章程伯翰連沖竹午刻
鈞兒回京言初四日杭州起程初八抵滬十四抵津由旱道先歸

毓兒則由梢兒照料坐船赴通也詢悉新舊先塋松楸無恙
慰藉良深 鈞兒此行剛三月於毓兒事及杭嘐家務頗資料（閱）
理亦算虧他矣 接善亭書
十七日晴 入對一刻許辰正散直答王朗青午後到〻戶部樁署
換夾袍褂 鈞兒於上埠嶺貴塋後買得大成山一座計三十一
畝零乃老塋之坐山也先是前一夕鈞兒夢〻先光祿語之曰明日
有以某山來售者須汝購之至次日故親陳坦來與友人沈經
彝閒話述及前於左近要得一山屢為前業主所訛深受其累經
彝勸之曰何不售與他人坦曰固所願也苦無受主耳鈞兒
適從旁聞之曰是大成山否坦曰是也問何以知之鈞兒曰此吾

家塋山昔年曾有所閱也堪欣然未售遂以百八十番餅得之立契時印令前
業主某代筆為余閱之并信凡事皆有前定而先人靈爽無
間幽明有如此者 鈞兒又於茅家埠祖塋後右首得地兩方地皆狹小 邊有
素而價頗甚昂蓋挾我以必得也鈞兒不與計較如其值以與之亦尚能
見其大云 夜雨 經師請假十日
十八日霽 入對二刻已初散直見客二起 沈寶甫守誠 ○唐典陳立達 午後到
撫署、威妥瑪來
十九日晴 入對刻許辰正散直問經師病連日氣痛不能食不能
寢消瘦特甚今日少愈然服藥砂尚未中病也已初回寓 鈁兒已到京
觸目傷懷不知涕之何從也幸近體尚好一路平安差慰慈親

懸盼耳 午後到總署 今日客来絡繹 皆江浙湘鄂公車也
二十日晴 入對不及刻 辰初二刻散直 聞經師病較昨稍愈矣
午後到户部 總署
二十一日晴 入對刻許 辰初二刻散直 午後到總署 西華來 看李木齋
場作甚流暢
二十二日晴 入對二刻 辰正一刻散直 看經師病 晤談甚有精神
潘晴軒中丞到京来晤 到户部 出城拜客 至文昌館 杭
府同鄉接場
二十三日晴 入對一刻 卯正散直 穆宗誕辰 恭詣 壽皇殿
隨同行禮 赴庫收江海關等處餉銀十四萬八千餘兩 啟

神機營等餉十八萬九千餘兩午正至總署飯酉刻赴文書田
招出有佑彭受之月汀東甫星仲演嵩祝成武戲甚佳亥
正始歸
二十四日晴入對不及刻辰初一刻散直夏芝岑薛撫屏來
晤午刻出城至太倉館望考後即赴財盛館指納房團
拜公請也酉正進城
二十五日晴入對刻許辰正一刻散直朗青菫岑旭人誠齋先後
來晤午後到戶部總署換單褂
二十六日晴入對尚刻許巳初散直向徑所病晤後有頃精神漸
有起色惟形容瘦甚午芳若望來後午後到總署看奏召

麟昆仲并汪閣生

二十七日晴 入對二刻許辰正一刻散直見客一起朱墨卿畯午後到

户部出城拜客晤楊若臣世兄在汴生處久坐本日太挑

第一日共三日義卿淯之等 換單袍 經師續假二十日

二十八日晴 入對一刻辰初二刻散直張竹晨岳年新授西安道

缺府來見午後到户部總署順道拜客晤諸遲菊可寶訪

夏松孫未值

二十九日晴 入對二刻許巳初一刻散直李蘭舟京尹來晤午後

到總署和國署使來因來

三十日晴 入對刻許 皇上詣 太廟頒行孟夏時享禮

乾清门外階下跪來回班補褂辰初一刻散直星叔文來談午後至户部出城拜客王若笙處少坐到太倉館答拜汪子安文昨於自嘉定來也夜微雨

四月初一日晴　入對一刻辰初二刻先散向徑師病略談赴庫收浙江餉七萬二千餘兩放廂黃等旗餉并各項共九萬几千餘回寓小憩到櫃署接馬雲峰軍門書

初二日晴　入對不及刻辰初一刻散直潘晴軒張芝園來辭行午後酌夏芝岑王朗青魏午莊吳誠齋

初三日午前雨後霽　入對刻許辰初三刻散直赴庫收河南等省餉十萬五千餘兩放正黃等旗餉并各項共九萬四千餘兩

回寓小憩到總署

初四日晴 入對刻許辰正一刻散直赴庫放廂紅旗餉七萬餘兩午後到總署 鈞兒此次回杭議購清吟巷宅旁邊地基四畝四分零今日接雲屏書知已成交計費洋一千餘元包姓交出老契係嘉慶十七年我家曾祖竹林公售出者香雪姑祖代書相隔七十年仍歸於我此亦數有前定也

初五日晴 入對刻許巳初一刻散直王朗青辭行赴甘肅有旨交左差委也午後到總署答拜和國來署使

初六日晴 入對一刻許辰初二刻散直問經師病回寓小憩午刻出城赴文昌館是日為江浙兩湖等省諸公車接場共二十四席演

四喜部 呈進前十本試卷 麗生卷列第九閱之喜甚樓後補記

初七日晴 入對將二刻 已初二刻散直 午後到户部 樞署 新授烏里雅蘇臺將軍吉仲謙和卸廣州副都統任到京來晤

初八日晴 入對刻許 辰正散直 送王朗青行 晤荅拜吉仲謙回寓 吴清卿來久談 時將有吉林之役也 朱少虞辭行赴廣東 午後到樞署 清卿言戴孝侯宗騫 安徽壽州人 知兵有識 其才可以獨當一面 擬同赴吉林 誌之以觀其效

初九日晴 入對將之刻 已初一刻散直 因經師病 昨日肝氣又大發也 午後到户部 出城至長郡常德上湖南谷會館荅拜羅 世兄峯來晤 以候選道赴禮部試 談粵事頗悉 亦樹放荆州府

初十日晴　傍晚陣雨微雷　入對刻許辰初二刻散直易實甫、盛旭翁
来晤午後到總署　德使巴蘭德偕參贊譯
廷驤偕譯穆麟德来
十一日晴大風　入對刻許辰初二刻散直唐紹彭續娶賀之
魏午莊来辭行晤午後到總署　壁利南来　陸俊甫解高錫到
京藉詢鄭中近事　文蘭舫綬新授湖南長州府来見兵
部本屆京察一等也以外任大畧及湘中情形告之
十二日晴大風　入對一刻辰初三刻散直賀景額駙嫁女祝齡師
壽新放雲南曲靖府葉廷寯齋杰来見午後到户部出城奠
汪茀村賀卿汴翁　二世兄完姻　至雨辰處晤談禮闈填榜
譚嚴生中第九名李和卿曹詒孫楊樹先汪聚均獲售

初十日接揭，江南共中十三人，惟太倉闔屬脫科，殊覺減色耳

十二日晴　入對一刻，辰正散直，詣經師商件，午後到樞署

新授高廉道吳雨農謙來見

十四日晴　入對不及刻，卯正二刻散直，洪宜孫來商各款事，以知縣指省江蘇，午後到戶部樞署　秋坪闈了畢，翼日命入直

十五日晴　入對一刻，辰正一刻散直，成靜齋辭行回長沙，惠姜舫到京來見，均久談，午後到總署，吳清卿來談

十六日晴　入對一刻許，辰正先散，赴庫收閩海關壽屬餉十三萬九千餘兩，放五營壽餉六萬二千餘兩，本年輪應盤查銀庫，截至本日止新舊收放實存各款銀五百八十四萬

館兩點初二刻回寓　穀士來晤　麗生覆試文詩俱佳
十七日晴　入對一刻　許辰初三刻散　直詣經師處商件　新
授貴州遵義府余蕭臣上華來見　午後到戶部總
署　本日右銘放河南河北道　麗生覆試第二
十八日陰微雨　入對二刻　巳初二刻散　直吾天清卿辭行赴吉林新授長寶
道郭定軒從矩新授衡州府劉燡　又見客三起　午膳後小
憩　赴總署　換實地紗袍褂
十九日晴　入對將及刻　辰初三刻散　直瞿庚甫廷韶廷韶遺失餉鞘案
奉部調取引見到京來見　樵彥仿亦樹書來　午後到
戶部　出城拜客　晤姚訪梅　在慕生處少坐　頭祝修伯夫人壽

燈下作質夫書交何芷庭世兄帶去

二十日陰 讀卷 聽宣奉〇〇旨派出董恂徐桐烏拉喜崇阿王文韶許應騤錫珍孫詒經桂昂長初在南書房會齊公擬題目八條請〇旨（每條四字）奉〇硃筆圈出典學察吏崇儉綏邊四條遵議御策（密封）進呈 兩次請〇旨 均有奏片 奉〇旨發下恭捧至內閣烏達峯少宰錫席卿少農孫子授少宰桂杏邨閣學手繕題紙酉正發刻寅初刊刷竣事 夜雨

二十一日雨 寅正進內（穿朝服）題紙交慶雲亭閣學恭賚至保和殿全小汀相國接交少宰伯卿汴生跪接恭設黃案俟新貢士點名畢讀卷大臣就丹陛拜位立（行）三跪九叩禮次新貢士行禮

禮部司官散題（時卯初二刻也）上屆以刊刷題紙遲誤至辰初始得成禮於貢士謄錄搶題幾不成事嗣後進題在點名之前禮部又多派司官每人一束每束十紙同時分散頃刻而畢諸務整肅知凡事不可無條理也出就文華殿宿次余住東偏殿之儘南一間子授住儘北一間子授帶廚夫即邀同膳辰巳間小憩午後彼此往還閒話頗覺暢適戌正就寢

三十日陰寅正起進文華殿東楹設矮坐兩排每排四座以北為上西向收掌官分卷每人四十一卷前兩人各多一卷共三百三十卷午刻本名下分卷閱畢 卷後列八姓標識以○△、丨為式各回本處午膳仍上殿輪流互閱一體標識人各換坐原

各之卷不得移動凡互閱之卷高下以一層爲限、、不加、、余不加○○不加○

此次佳卷最多八○者共十五本輪流閱畢後分封交收

官掌封存時已戌初晚膳畢後與子授閒談亥初就寢

二十三日晴 寅正起進殿將○卷詳細覆校每人選二本送交

首座韞師偕徐蔭軒爲商訂前十本余偕其餘諸公商定二甲十

四名以後卷已刻前十本擬定邀大眾公閱原擬第三名

後幅字頗草率俱不以爲然第六名亦不甚愜商請首二兩座酌之韞師

頗有難色蔭軒擬將第三名與第四名對調韞師猶難之余鈞菴

謂第六名尚可將就第三名斷乎不可形諸辭色並勉從蔭軒

余之前列卷二擬第五一列三甲[illegible]名 鈞式擬一 小名起均以餘擬甲第名次 共一百三十三名

爲之議將前十本先粘識 擬二字樣 次二甲 儘有○之卷

次三甲共一百九十四卷（名）（由八山至八一）其二甲七十四名以前皆八日卷亦盛
矣午後覆對名次標識随對随封每封十本交收掌官
封存明早送内閣其前十本卷（用紙）黄封固加用夹板（須備）随摺進
至申初發事同人偕至高達峯桂杏邨兩處少坐本日
慈闈八旬晋一壽辰因差未能叩祝
二十四日晴卯初進内至兵部報房少坐以差事未發擬不至直廬
朗若蘇拉来請即入直有頃即偕佩蘅蘭孫秋坪赴南書
房看前十本卷余在外招呼見面摺子長初恭邸率讀
卷大臣見面按名拆封每拆一本即手呈太后奏稱某某
名某人某省人十本拆畢請旨有無更動旨不必

更動遂退出赴南書房閱單呈覽奉硃筆圈出乃

赴乾清門遂名傳唱一黃思永江蘇人二曹詠孫湖南人三譚

鑫振湖南人四戴彬元順天人五龐鴻書江蘇人六呂佩芬安徽人

七張星炳河南人八劉沛然順天人九黃紹箕浙江人十朱福詵

浙江人傳齊後帶赴養心殿引見退至南書房填前用硃筆

十名甲第名次畢約偕同人至傳心殿便飯旋赴內閣拆二

三甲彌封隨拆隨填交內閣列入金榜午初二刻回寓補

祝慈親壽　麗生得具甲可喜〻王費亦癸酉拔貢會

考門生也

二十五日晴　入對不及刻卯初散直自至上叶殿傳臚恭詣

行禮讀卷官班次在東班一品之前卯正禮成閱經師
病精神将次復原矣回寓送桐侯回南翰卿赴津
午后到總署會芝菴未值
二十六日晴　入對刻許辰正一刻散直張竹晨辭行赴陝西晤
談午初赴禮部恩榮宴率新進士行禮如儀到二尺
部訪夏松孫未值送竹晨行晤子騰談到總署晤燮臣慶蘐
舫來晤　換芝麻地沙袍褂
二十七日晴　入對刻許辰初三刻散直出后門拜客在秋坪處少
坐午后到總署貴州按察使吳嵋生德溥來見人極老練
切實不浮龍硯仙辭行回長沙臨別甚依依也

二十八日晴　入對二刻許。賞紗葛帽緯，見面磕頭。辰初二刻先散，赴銀庫。本年輪應盤查之期，自二十一日起，今日盤畢，共計實存銀五百八十四萬九千九百餘兩零。午刻封庫，至前堂少坐，回寓小憩。劉峴莊制軍到京來晤，久談。又見客二起。歐陽霖潤生　吳誠齋

二十九日晴　入對一刻，辰初二刻散直。答劉峴翁談。午後到樞署。晚間慶生多集飲，坐有頌閣、蔚庭、伯葵。

三十日晴　入對不及刻，辰初二刻散直，出城拜客，與張幼樵深談，言人所不能言，甚可敬也。楊眘夫新居，適遇雨辰，談有頃。午正回寓。偉花西辰琪來見。

五月朔日晴 入對刻許巳初散直雨辰来晤午後到户部攏

署 西華来

初二日晴 入對刻許卯正一刻散直詣经師談病已復原將銷假

矣 鮑春霆軍门超到京来晤十二年前在鄂曾識面也江蘇

候補道王灼棠之春来見午後到攏署 朱子清到京来晤

初三日晴 入對刻許辰正一刻散直答鮑春霆晤詣齡師府

賀節 午後峴莊来久談

初四日晴 入對刻許辰正先散赴庫收湖北等省餉銀二十九萬

二千餘兩放廂红等旗餉七萬一千餘兩未正回寓小憩赴

總署

初五日晴 入對一刻辰初三刻散直 詣醇邸各師宅賀節 沈寶

午後未出門 手擬疏稿一件（中俄交涉事） 樞署（家片） 換直徑紗袍褂紗亮

初六日陰微雨 入對一刻辰正二刻散直 午後到樞署 威妥瑪來 新授浙

江提督吳小軒長慶來見 深樸練達 熟於軍事 曹閩中之

純品也 新進士引見第一日 共九十一人（八旗 甲 宗室 滿 蒙 漢 直隸 奉天 江蘇 安徽）

初七日雨 入對四刻許 巳正散直 至樞署飯 威妥瑪來 邸及各堂

咸集 論中俄交涉事 英國出而調停也（意在） 得雨甚透 農望

大慰 新進士引見第二日（大雨淋漓不止 沾衣履俱濕） 共九十二人（江西 浙江 福建 山東） 樞署遞密摺

初八日晴 入對一刻 辰正散直 子青來談 午後到樞署 新換法公使寶

海來 至戶部 新進士引見第三日 共七十九人（山西 河南 陝西 甘肅 湖北 湖南）

初九日陰雨　入對刻許（未初二刻）散直　新進士引　見第四日

共六十九人（四川廣東廣西雲南貴州）統計四日共三百三十一人（內本科殿試者

三百二十九人丁丑補朝考者二人）本日欽奉點用　諭旨除一甲三名業經

授職外（引　見前期例由吏部具題請　旨）改庶吉士者八十九人部屬八十

四人中書十二人知縣一百十六人京官本班七人外官本班

三人歸部銓選十七人

初十日晴雨間　入對四刻許　慈禧太后欠安自二月初二日起至

本日始召對一次以總署封事也英明天縱出人意表惟有欽

服而已　慈顏瘦削氣分甚弱尚未康復常視事有如

有要事可以請見云　諭巳初散直午後到總署偕經

晤芝岑伯音赴法館答賓海并至英館候威妥瑪

十一日晴雨間 入對三刻許午初散直昨議中大變局不堪設

想奈何奈何午後到總署巴蘭德來 訪芾平談時事五尉庭來

夜談

十二日晴 入對二刻辰正二刻散直總署初八日封奏有旨交

廷臣會議見新庶常麗勉庵 鳴書 等十二人午後出城

祝雨辰壽訪茗笙久談

十三日晴雨午後 入對一刻辰正散直答張月卿 凱嵩 晤見新

庶常戴虞卿 彬元 等十四人張霽諭青辭行赴廣東李世兄

經畬到五弟考蔭來見筱荃制軍之姪嗣也溫文無貴介

氣可敬可羨 携乃翁手書屬題 午後到户部 總署 若笠妹平先
後來商密件 新授江西藩司邊潤民寶泉來見
十四日晴 入對一刻 辰初二刻散 直內子五十初度 戚友賀者
紛集 若笠雨辰頃閣來 均述今日會議情形 午後到總
署 公請劉峴莊制軍 藉商公事 曹欽謀 楊小陔 汪鏡青 同見
十五午後雨 入對不及刻 辰初散 直 夏 見新居常吳移 晤 樹等
等十一人 午後到户部 總署 看松孫病 悤倍無頗不輕
婉言勸其息心調攝 吳小軒 長慶來辭行
十六日 卯辰間 大雨 入對不及刻 會議摺上 另摺及代奏者共十件
奉 諭以尚未看完 暫留未發 巳初二刻散 直新居常

福幼農楙 郭子鈞賡平來見 豐雲鵬辭行赴浙江任 晤談久之

十七日午前陰後霽 入對將及刻 會議摺仍未發 大局攸繫 殊懸懸也 巳初二刻散直 見許庚身 劉潤生 沛然等五人 午後到總署 成安 張來

十八日晴 入對刻許 會議摺仍無消息 殊不可測 巳初散直 見許庚身 宗室崇厚卷 完 午後到總署 禧在明來 瞿廣甫辭行回湖北

十九日大雨 入對四刻 8 8 西聖出見 氣體將次復原 不勝欣慰 定擬浼崇厚罪之議 巳初二刻散直 午後到總署看約

英繙譯々禧在明法繙譯德微里來告以本日8諭旨
法使寶海亦來為謀頗周至此舉由英法代請恐
中俄失和藉此作調停之計也 贊善于蔭霖上封事賦高
年節辭館改請上海王梓生維然課諸孫女本日到館
二十日霽 入對一刻許辰初二刻散直新居席范子蔭德馨來
見午後到戶部搃署 何天爵來 峴莊來辭行深談久之
二十一日陰 入對將及刻辰正散直新居常王者香蘭楊正甫
棠伊來見午後到搃署 潮州潘子麟吟孝廉定廣於二場
出場後病歿旅館年甫二十四家惟祖母及母妻三人兩世尊
傳讀々書安分悴羅此變閔者惻然賻以百金即交者香唐

常安寄其家寄语并慰之　吴誠齋辞行回湘

二十二日晴　入對一刻辰初二刻散直午後到總署看威妥瑪来　恭親王

福安薨逝来報丧

二十三日晴　入對刻許辰初三刻散直慰恭邸并唁澂瀅兩貝勒

新授福建臬司廉溢軒傳霖来見歷任粤東廣西卓有政

聲旭人来談午後到總署　禧在明来

二十四日陰　入對一刻辰正散直　壽桂亭昌自西甯回京来

晤修撰黄慎之思永来見本春宫舊屬也午後到户

部總署

二十五日雨　入對一刻巳初散直鮑春霆辞行赴湖南提督任

新庶常黄籲门 俊熙来見午後到總署 蜀人放直隸臬司

二十六日 午間雨 下午霽 入對不及刻辰初散直 璋鈞兒往眞寶世姊母

李佑臣以知縣分發江西来辭行 新庶常陳少石夔麟 毛

蜀雲澂来見

二十七日晴 入對一刻辰初二刻散直午後到户部總署

二十八日陰 入對一刻許辰正散直至恭王府上祭送殯猪

羊各事備與經師蘭孫同往李木齋世兄辭行回湖南久

談到總署 換葛紗袍葛紗冠

二十九日陰 入對一刻許辰正散直建寧鎮張凱臣得勝

来見新庶常胡樂伊錫祜来見午後筵請朱子清

邀沅石輔臣子經莘仲陪子清新自上海回京猶行新

親禮也 欽天監奏五月二十七日申正刻日有雙珥暈旁又有背氣戌初不見

六月朔日雨 入對一刻辰初二刻散直赴庫收江西餉七萬兩放廂

黃等旗餉九萬七千餘兩回寓小憩壽春鎮鄭善臣寶昌

來見到樞署 威妥瑪來

初二日晴陰雨 入對不及刻辰初一刻散直陰雨過多麥收有損節

適當者氣候甚涼殊非所宜也

初三日午前雨午後陰 入對一刻許辰正散直午後到樞署 寶海來

初四日晴 入對刻許辰正一刻散直午後到樞署新庶常顾

香遠蓮來見蔚庭仍葵來

初五日晴　入對刻許巳初一刻散直午後到户部總署久雨
新晴精神一爽頌閣来夜談
初六日晴下午陣雨　入對二刻辰初二刻散直訪撥鄰皋鹿省三
同年　陰雲来晤久談　夜又雨
初七日晴晨雨　入對將二刻巳初三刻散直答省三同年晤李植延
仲穆昆仲將於明日赴清江省視也午後到總署
初八日晴　入對二刻許巳正一刻散直詣恭王府公祭軍機處總
理衙門出城視茗笙壽喫麪答朱子清晤回拜麻
滋軒邊壽潤民酉初進城
初九日晴　入對不及刻卯初散直　文宗顯皇帝誕辰恭

詣壽皇殿隨同行禮李新吾世兄来久談午後
到總署日使伊巴黑来 接陳俊臣書寄燕窩橘餅
初十日晴微陰 入對一刻許辰正二刻散直廣滋軒辭行赴閩
臬任談新廣常高鶴峰 凌霄 湖南優貢陳阜嘉
原名 築 来見午後到戶部總署德微理亞赫德来 夜雨
十一日晴 入對一刻許辰初二刻散直午後到總署巴蘭德来
接世裕亭函爲兒信驚悉鄭譜香於五月廿四日中痰
猝逝三十年交好彼此休戚相關忽聞噩耗惋悼深〻
夜又大雨
十二日晴 入對一刻辰初二刻先散赴庫收浙江等省餉

十四萬六千餘兩放馬銀菁餉十四萬三千餘兩

十三日晴 入對二刻巳初散直 子健報到鷺鷥文質夫見辭

核初亦日作古 愴懷舊雨 為勝惋惜 印信政事庵并主其

家一同午後到樞署 手後俊臣書

十四日晴 入對一刻辰正散直 分發直隸候補道沈子梅餘虎

來見 海寧午後到樞署 威妥瑪偕其參 東積貝格維訥來

十五日晴 入對一刻許辰正二刻散直 祝惇邸五十壽 新廳

嘗陳心齋應祺來見 午後到樞署 何天爵時來 鈞兒赴

東陵勘估工程

十六日晴 入對一刻許辰正散直 見客一起 周福昌 廣東鮮蠑來 午後

到户部總署 咸安 馮来

十七日晴 入對刻許 辰正一刻散直 答拜夔桂亭 郭善臣

新授江寧遺缺府魁文農元来見 刑部郎中 軍機章京 徐季約来

略述季和患恙情形 冀其速就痊愈也 夜微雨

十八日晴 入對不及刻 卯正三刻散直 作林僾卿書 柳樵 午後到總署

十九日晴 入對一刻許 辰正一刻散直 王蘭孫到京来晤 午後到

户部總署 午前陣雨甚大

二十日晴 入對二刻 辰正二刻散直 鄧沂生 張月卿来談 見新

廣常汪朗齋 政炳 午後到總署答拜日使伊巴里少本

年 皇上 初旬萬壽 内廷行走王公 御前軍機内務府

例應進膳本日蒙賞大卷江綢袍褂料兩卷帽緯一
匣大小荷包各一對申刻林兒得一女取名賜錦母子平安可喜
有旨董恂毋庸在總理各國事務衙門行走
二十日晴 入對將及刻辰初一刻散直奠治貝勒福晉 厚菴來談
午刻到戶部出城拜客晤馬絢卿徐亞陶張粵卿問李和病并晤李
侯在雨辰處少坐
二十二日午前雨後霽 入對一刻許辰正二刻散直午後到總署薛撫屏
自天津到京來見 前因西聖尚未大安有旨令直隸各省
徵醫撫屏乃李中堂所舉也曾沅、為
舉薦陽曲令汪守正 文蘭舫辭行赴湖南辰州府任雨夜微
汪號子常杭州人
二十三日陰 入對二刻辰初一刻散直午初到總署飯戌登來夜微雨

二十四日晴 入對二刻許 巳正一刻先散 回寓小憩 午正到總署 戈登来
归途過輯卿師談
夜雨一陣

二十五日晴 入對一刻許 卯正散 直赴 寧壽宮聽戲 辰（花衣前後共十一日）（戴[illegible]帽）
初入座 未初二刻叫散 賞菓盤 奶茶等食物三次
回寓小憩 酉初到總署

二十六日晴 寅正二刻入對 皇上升座 行三叩首禮 卯正二刻
皇上御乾清宮受賀 行禮如常儀 蟒袍補褂 辰正入座聽
戲 賞如意 袍褂料 銅手爐 磁花瓶 古銅盤 帽纬 荷包等
件 食物如前 未初三刻叫散 恪邸招飲赴之 醇邸 伯邸
均在座 有戲 酉正先辭歸

二十七日晴　入對一刻辰初散直若笙来谈午後到樞署即回

經師秋坪受之赴職館晤凱陽德論多本年夏冬多

涼今日始覺炎熱

二十八日晴　入對及一刻卯初三刻散直韞卿師若笙来談汪子

常自山西到京来見曾沅翁所知春醫也午後到部樞

署天氣炎蒸入伏後第一日

二十九日午後大雨一陣　入對一刻辰初一刻散直午後到樞署晤威妥瑪巴蘭德

先後来

三十日晴　入對一刻　皇上詣　太廟行頒孟秋時享禮　乾

清門下站来回班辰初三刻散直成都府徐省坡同年景栻

到京来見藉詢蜀中近事午後到樞署

七月朔日晴 入對将二刻辰初先散赴庫收河南餉九萬餘兩放廂黃善旗餉九萬七千餘兩午初回寓雨辰来商衢州憶和事蔚庭来夜談

初二日晴 入對二刻許巳初二刻散直旭人来晤午後到樞署傍晚叶平来談

初三日晴 入對将二刻辰正散直午後到戶部樞署

初四日晴 入對二刻巳初一刻散直午後到樞署晚麦舫来夜談陸恆齋承寀来見（優貢補考以教職用）

初五日晴 入對将及刻辰初三刻散直李新吾世兄来辭行久

談而别

初六日晴 入對二刻許巳初一刻散直午後到户部樞署

初七日晴 入對二刻許○○兩聖同見有○○旨赦出寧夏堡曾

紀澤之請也巳初散直午後到樞署 凱陽德來訪坿平久談

過肯夫

初八日晴 入對一刻辰正二刻散直若笙來談午後蔚惠美

舫盛旭人並錢麗生多傍晚季和來晤言明日銷假

初九日晴 入對三刻巳初散直至法華寺少坐 鏡兒爲錫蕃做新中元對

聯 江懷新選梧州府向丹屏翰墀來見又○午後到樞

署門偕經師秋坪芝葊受之赴英德法三館[illegible]道之多因

俄事頗代從法調停也

初十日晴 入對將三刻巳初散直午後到戶部總署與高麗生

話別

十一日晴 入對三刻巳初三刻散直午後到總署 雨華偕其新使安吉利來

威妥瑪率其參

贊格維納來

十二日晴 慈安太后萬壽寅初二刻入對行三叩首禮辰初

慈寧宮隨班行禮 姜舫來辭行赴浙江運使任久談新

磨常陳貴溪景濂 新選寶慶府蔣星門 常姪辭行均見

接吳清卿書論松花江防務 上燈後率 兒輩恭接祖先 夜雨

棠藥窗見面磕頭行

十三日晴 入對一刻辰初散直□中元祀先禮午後偕經師訪秋

坪芝蕃同游受之之精園地局不寬而布置甚婉旋赴日

本館與宍戶璣論球案　井蔚庭穀士來談

十四日晴　入對將二刻以俄事辦理遲延有旨議處辰正

一刻散直送姜舫行未值至厚菴處少坐晤其世兄午

正刻入部總署

十五日陰晴　入對將及刻　皇上詣奉先殿行內右左門站班來回

辰初三刻散直午刻到總署　受涼有傷風頭暈覺不適夜微雨

十六日晴　入對將及刻辰初三刻先散赴庫收湖北籌餉二

十三萬六千餘兩放五營餉籌三萬六千餘兩午刻回寓

小憩至總署巴蘭德來　昨請董仲默世延擬方服之頗對

今日仍服一劑

十七日晴 入對一刻卯正散直 文宗顯皇帝忌辰 壽皇殿隨同行禮 高夔道英謹辭行小停來談

十八日晴 入對一刻辰初三刻散直午後到總署 卯往答拜撫亮臣德禪 美使安吉立至 後訪蔚庭伯葵清談半日

十九日晴午後大風微雨 入對二刻許辰正二刻散直 訪鹿常柳仲平芳來見又見客一起 朱士一學椿解鄂鈞到京 午後到總署 宍户璣來

二十日晴 入對刻許辰正三刻散直 新授貴州安順府劉貢三正品來見 午後到户部總署 潘偉如到京來拜未值 劉峴莊保送知醫

二十一日晴 入對將二刻辰正三刻散直荅儕傳如晤午後到樞
署咸安瑪來 黃筱泉杰張 爾恆 解湘舲到京來見
二十二日晴 入對將及刻辰初散直午後到樞署 咸安瑪何天爵來
二十三日晴 入對二刻許辰初一刻散直午後到戶部出崇文門
答拜徐肖坡程世兄夔 到樞署 新授刑部左侍郎松
壽泉睢由西藏回京來晤 接方菊人書
二十四日晴 入對一刻許辰初散直 徐肖坡辭行 葛笙來談
額小山同年來言定於二十六日起病請安午後出城
至正乙祠祝朱硯生太夫人七旬壽盤桓半日聽三慶
部

二十五日晴（夜微雨） 入對一刻辰正散直向喜桂亭病晤談午後到總署

二十六日晴 入對一刻巳初三刻散直午後到戶部總署着禧在明來 喜桂亭來晤本日有旨命往吉林辦理防務也 京士丈病危令鈞兒前往照料醫藥冀其轉危而安為幸

二十七日陰 入對刻許辰初三刻散直午後出城同子京表舅氏病情形頗覺可慮至才盛館祝學百儕先生八旬壽熟人甚多作竟日之敘 京士丈竟於昨戌刻作古可勝悽悼

二十八日晴 入對不及刻卯正三刻先散赴庫收湖南等省餉二十五萬五千餘兩無放項巳正回寓小憩至總署着威妥瑪來

汪子常来谈

二十九日晴 入對一刻許 辰初二刻散直 嘉桂亭来谈 午後偕經師秋坪伯書回到日本館 候先生至精園會齋 受之時適請假也 接玉階書 論湘灃星使善款多

三十日晴 入對五刻許 ○○西聖出見 精神漸好 惟○慈顏尚覺清減 耳聽仰之 餘日深欣幸 午後到總署 西華辭行回國

換蘇地紗袍褂

八月初一日晴 入對將二刻 辰初一刻散直 午後到戶部 祝伯葵翁慈壽 歸途至總署一轉 子京表舅氏一病不起 身後蕭然 殊堪悼惻

初二日晴 入對時二刻辰正散直午後到總署看印赴俄館
送西華行 奠京士文唁賦高 復玉堦書 夜大雷雨
初三日午前雨後陰 入對刻許辰初一刻散直桂亭來談復筱荃
制軍書并送六旬壽禮托朱士一大令帶鄂 戌刻慈
親忽患腹瀉晨寒作熱急延汪子常來診視言寒熱
交受兼有積滯以瀉心湯輕劑投之稍見平復
初四日晴 入對時及刻辰初先散歸視 慈親仍不時腹痛
作瀉赴庫收四川等省餉六萬四千餘兩發廂紅廂藍兩
旗等餉九萬四千餘兩午初回寓未出門請子常復診言
外邪已去七八以固本為宜

初五日晴 侍奉醫藥未入直 慈親熱退溺亦暢稀稍進藕粥仍請子常復診進清補之劑 桂亭姊午雨辰來緣由

初六日晴 入對刻許承 8 詢慈親病狀叩頭謝昨未入直因人例應提奏也據實以對辰正一刻散直 慈輦來 設午後常出門手擬密疏一件

初七日晴 入對刻許辰正二刻散直午後到樞署 安瑀來 宗戶璞、咸

慈親溺已止惟精神較弱仍請子常復診并延趙德輿天向江西鹽驛道者鯨兒診脈鯨兒患寒熱咳嗽多日子常診之云係元虛痰飲數刻無效據趙德輿云係屬伏暑秋燥用輕宣微降之品姑試服之夜雨

初八日午前雨午後陰 入對六刻 8 西聖出見論俄事也巳正二刻散直

慈親漸就康復，仍有子常復診。毓兒昨服趙方，不見動靜。
托旭人代邀馬培之（江蘇名醫）文植來診視，所論（云係暑溼伏邪）與趙德輿合，即
服馬方。趙亦來復診。馬係吳子健所薦，醫趙係李楨
峰所薦。醫現均每日入直也。換實地紗袍褂（內廷稱亮紗曰直徑，實地曰紗）
十九日晴。入對二刻許，辰正散直，午後到總署。毓兒昨服馬方，
胃氣稍開，夜半食粥碗許，熱亦稍減，似已對症，仍請馬趙
兩君先後診視，擬方大略相同，今晚即服趙方。
廿日晴。入對一刻許（皇上詣奉先殿行禮，內左右門站班），辰正二刻散直，偕蘭翁詣金小汀師處
道喜（世兄續娶）。蔗笙來談，午後到戶部、總署，仍請馬趙兩
君為毓兒復診，馬就趙方略加增減，云病勢漸退矣。

十一日晴 入對一刻許辰初三刻散直午后到總署

十二日晴 入對將二刻巳正一刻散直午后到總署 毓兒日有起色昨今服趙方

十三日晴 入對將二刻許午初散直書樵到亭来晤玉階薦醫也

十四日陰雨 入對一刻許辰初二刻散直詣各師门賀書樵雨午后到户部總署 赫德来

辰后典来談申初到總署 威妥瑪来

中秋節陰雨 入對將及刻辰初散直接玉階七月二十六日書言鮑春霆募勇情形 賞月餅西瓜菓品

十六日雨 入對二刻辰初散直祝沈師母壽午后黄莫京士丈到

總署伊巴里來 旭人來談言將指省浙江 慈親斷就康復 毓兒亦日見痊可仍服趙方 書進穆楊寓齋

十七日晴 入對將三刻 手擬奏片一件論俄約事（極言不可失和） 已正散直 桂亭來晤 午後到戶部 總署 徐心伯從劉幹臣軍調防山海關到京來見

十八日晴 西聖出見叫大起 惇醇兩邸 軍機 六部尚書 總憲 寶廷 張之洞 壽富 旨將昨日奏片交廷臣會議（加九卿翰詹科道） 日行事件第二起 東聖單見 午正二刻散直 小憩至總署 仍赴俄館 時事朝局殆不可問 如何如何 換單袍褂

十九日陰 入對三刻 巳初散直 松吟濤嫁女 賀之 到戶部

至文昌館奠子亭表甥男氏與穀士蔚庭為商春屬帰

计

二十日晴 入對刻許辰正二刻散直赴内閣會議俄約事宜

午後到樞署 咸安瑞來

二十一日晴 入對一刻許辰初二刻散直儲鶴樵裕立到京引見

來晤久談午後到樞署 宾户瑞來

二十二日晴 入對將三刻巳初二刻散直午後到户部樞署

二十三日晴 入對一刻辰初散直午後到樞署旋往荅拜意大里義

亞公使盧嘉德美國修約公使師腓德笛鋭克

二十四日陰 入對一刻許巳正散直午後到樞署

二十五日晴 入對一刻 巳初一刻散直 桂亭來談 午後到户部 擬署程麗芬春藩以醫應召到京 筱荃制軍有書來

二十六日晴 入對將三刻 辰正散直 午後出城預祝李侯七旬壽 在雨辰處少坐 賀黃漱蘭放江蘇學政 久談 歸途答儲鶴樵 盛旭人 換戴暖帽

二十七日晴 入對二刻 辰正散直 徑師感冒未入直 往候晤談 午後到總署 見三使及英使威妥瑪來 美國安吉立 師雕德 笛銳 日斯巴呢公使伊巴里墜馬殞命 其人素乘劣馬 每自誇由京至津只須四個時辰 卒以此喪其身 所謂禍由自取也

二十八日晴 入對將二刻 巳正一刻散直 詣徑師商件 旭人來晤

本日曾沅帥奏調办 未刻到總署

轉運有旨照請

二十九日晴 入對一刻許巳正散直 錢義山、亦林來見 籍詢子美病狀及其家[illegible] 為之慨然 午後到戶部總署

九月朔日晴 入對不及刻 辰初先散 赴庫 收浙関籌有餉十一萬三千餘兩 放廂黃籌旗餉九萬七千餘兩 請馬培之為子美親商調理方

初二日晴 入對一刻 辰初二刻散直 送喜桂亭行 晤談 先光祿八旬有二冥誕 敬謹上供 萊舞難追 承歡久者 不禁憮然 午後到總署 巴西國公使喀拉多穆達來

初三日晴 入對不及刻 卯正三刻散直 午後到總署 返邸 至聚豐

星妹来談

堂小山李蘭孫舟京兆朝儀梓欽部院十六人共三席

初四日晴 入對二刻許 巳正散直 午後赴日本館論球事將就（仍在受之處會齊）可了 歸途問齡師病 近得痰疾有似偏中 廣東候補府王雲來見 湖北沔陽人曾在席營得保

初五日晴 入對一刻許 辰初三刻散直 午後訪小溥同年未值 商錢敝蘭 到戶部總署

初六日晴 西聖出見頭起 與惇醇二邸及潘祖蔭翁同龢同見○○諭此後俄事均會商辦理 甘竹事件第三起○○東聖單見述○旨後 赴南書房擬發曾劼剛電報將許景澄摺摘要寄知 午正三刻散直 即至總署 凱陽德來

申正回寓小憩桂亭辭行赴吉林

初七日晴 晨陰 入對刻許辰正散直涵子常来晤 曾沅帥屬其轉達

一切也

初八日晴 入對刻許辰正二刻散直貴州候補府區維翰来見

午後到戶部檔署 凱陽德 寶海来 周笛峯来述慎司事

初九日晴 入對二刻許巳初散直李和辭行出棚所患似漸愈

矣午後出城會奠張粵卿 補通 祝肯甫夫人四旬壽 至

譽樵花廠偕中堂西南子仁公餞漱蘭 酉正旋進城 漱蘭申正二刻旋

是日南書房會議上庫未赴 到 子仁未来

初十日晴 入對一刻辰初三刻先散赴庫收江海關海等餉

十萬三千餘兩放米折并吉林餉共十八萬三千餘兩午後

到樞署 安吉立壽來 又禎在明來 旭人辭行赴天津

十一日晴 入對將及刻辰初散直赴顔料庫收放鐵斤紙張等件 午後到樞署 蜀人以直隸入覲來晤久談一行積多

十二日晴 入對刻許辰正一刻散直午後到樞署 何天爵來 黃桂自鄂回京

十三日晴 入對一刻許辰正一刻散直午後答蜀人未值到戶部樞署 燈後蜀人來談是日請多安

十四日晴 入對刻許赴南書房會商奏片電報辰正散直午後祝田繼瞻少空七十壽卬留聽戲與秋坪芝菴星齋

受〻同席作竟日叙

十五日晴　入對不及刻辰初三刻散直午後到樞署
日署使阿藹来
大威妥瑪来

十六日晴　入對將二刻辰初正散直午後到戶部出城奠龍芝生
太夫人蔚庭伯處招飲未正赴之同席者樵野笙頌蘭甘卿
清談甚適

十七日晴　入對二刻許赴南書房會商奏片電報巳正散直午
後到樞署
凱陽德来

十八日晴　入對二刻許赴南書房會商奏片電報巳初一刻散直午後到樞署
宍戶璣来論定
球案

十九日晴 入對一刻巳初二刻散直午正到户部總署 何天爵来

上燈後孫駕航同年到京来晤時寫庸道開缺送

部引見也

二十日晴 入對三刻許赴南書房會商奏片電報巳初一刻散

直韞卿師遣嫁午後往賀即至總署 美使安師巻 苗三人来

拜駕航晤談

二十一日晴大風 入對將四刻辰正二刻散直儲鶴樵来辭行[illegible]托其

挈小湛回至湖北照公祥来晤以崇文門賠款直案減成改

謝[illegible]并總查四罰俸一事

二十二日晴 入對不及刻卯正散直辰正皇上恭送冊寶 寶録 聖容

聖訓恭謄至盛京供奉尊藏在東華门綵棚随同行禮

午後到户部總署 接曾沅翁山海関書

二十三日晴 入對刻許辰正一刻散直 謁鶴峯師昨以大學士致仕也 午

後到總署 王雉珊表棣自嘉定来 換羊皮冠黒絨領珍珠皮袍褂

二十四日晴 入對一刻許赴南書房會商奏片辰正一刻散直午後

眷瑞陸芥同年 晤 時以綏遠城將軍調任杭州入8覲也

到總署 何天爵来

二十五日晴 入對一刻許辰正三刻散直煥文葵卿續娶喜荅賀

晤公暨托查四川俸一事 午後到户部總署

二十六日晴 入對刻許辰正一刻散直午後到總署 巴蘭德来

二十七日晴　入對一刻許辰正三刻散直至總署一鐘午後歸　方蜀人廉訪程頤臣菼觀察錢甘卿太守

二十八日晴　入對刻許赴南書會商奏片電報辰正一刻先散赴庫收安徽等省餉七八萬五千兩放吉林餉壽項十萬六千餘兩回寓小憩未刻到總署　安吉立等來

二十九日晴　入對二刻已辰正一刻散直若農來便飯午後到總署蜀人來　久談

三十日晴大風　入對將及刻赴南書房　皇上詣　太廟預行孟冬時享禮乾清門站來回班補褂辰正散直書樵來談午後到總署何天爵來

十月朔日晴 入對刻許 8賞憲書見面磕頭卯正二刻○坤

寧宮吃肉共二十七人巳初散直午後到戶部 總署 賞薰

猪䐁羊奶餅沙糖 換海龍冠皮領灰鼠袍褂

初二日晴 入對一刻許赴南書房午初散直衍聖公祀先禮秋

坪表長女年已二十四矣知其慟甚往勸慰之 連日氣分甚

不舒適趙德輿來為媳兒開調理方即請診視云係肝（共參酌擬方，甚為詳細）

脾不和前兩冬所服之方似不對症為擬方試之（重用熟地）

初三日晴 入對一刻許赴南書房辰正二刻先散赴庫收湖北

餉著十一萬一千餘兩放正黃等旗餉九萬八千餘兩午正

回寓蜀人書雅先後來辭行均晤談申初到總署戌正二

刻就寢亥初聞報戶部河南司失火立即馳往火已救熄計燒
司當科房稿庫等共十二間同人咸集商定奏摺大畧情形
並摺自請將當司各官玉郎分別議處回寓已子正矣
初四日晴 入對二刻許 東槎垂詢戶部失火情形據實以對
自陳疏於防範叩頭一已初散直兩日服趙述德與方頗似對症即
請寶長方畧即日將回江西也午後到戶部昨火起於神堂香火
幸未延燒別處出城送蜀人書樵行均少坐回寓已酉正矣本日武
殿試傳旨一甲一名黃培松福建一甲二名周增祥廣東一甲三名曼元廂黃滿
初五日晴 入對將及刻 自王上升殿傳臚隨班行禮辰正散直附
北餉員朱千雲世守吳寶孚同培來見均杭州同鄉也午後

到總署安吉立菁来 歸途送趙德輿行

初六日晴 入對不及刻辰初一刻散直答敬子齋並賀升閣學

喜送松吟濤行 調補盛京禮部侍郎到總署

初七日晴 入對一刻許辰初三刻散直午後到户部祥子和貝斗

遣犒賀〻順道答客在沂生雨辰兩處少坐

初八日晴 入對一刻許辰初散直午後到總署

初九日晴 入對不及刻赴南書房會商奏片電報辰初三刻散

直午後到户部便道拜客到總署 何天爵来 換白風毛袍褂

初十日晴 入對一刻 ○○慈禧皇太后萬壽辰初○○皇上率王公百官

詣○○慈寧宮行禮是日○○太后未升殿行禮仍照常儀先

期請88旨也辰正散直午刻頌閣招飲叔平子授燮臣子騰同
席清談甚適時平有消寒之約後徐邸堂壽蘅視敬
十一日晴入對一刻許辰初一刻散直午後到樞署著威妥瑪来
十二日晴入對一刻許辰初三刻先散赴庫收江蘇等省餉十八萬三
千餘兩放步甲餉等五萬二千餘兩午正回寓請王梓生房
鈺孫啟蒙到樞署安吉五等及威妥瑪来
十三日晴入對不及刻赴南書房會商奏片電報巳初散直賀
蒂卿弄璋之喜送如意一柄不配他物午後到樞署何天爵請在明來
十四日晴巳刻小雨入對二刻許巳初三刻散直午後到樞署
十五日晴入對二刻許辰正二刻散直午後到戶部樞署著美國

修伯宅謁安吉立師腓德笛銳克三人來畫押
十六日晴 入對刻許辰初二刻散直午後答拜毛亞初晤當書昨以
順閣到京本日有旨仍在總理衙門行走到總署美使師腓
德笛銳克 頃閣來夜談
來辭行
十七日晴 入對將二刻辰正一刻散直午後到總署即赴美館
送師笛兩使行又答拜日斯巴尼亞河署使嗎後晤德
使巴蘭德論事 昨晚接劼剛初七日電報大致尚有端
緒差為可慰
十八日晴 入對二刻赴南書房會商奏片電報辰正二刻散
直午後到總署宍戶璣來

十九日晴 入對刻許巳初一刻散直道署客頌閣鶴峯師各遣嫁之喜午後到戶部歸途詣韞卿師談

二十日晴 入對二刻許巳初散直午後到總署賀夫靈櫬回里若希新授蜀臬詣齊化門外東嶽廟更往哭之不自知其涕之何從也晤淮東百川到京來見與談湘事議論甚洽

二十一日晴五十一歲生辰 入對刻許辰正三刻散直詣蕃卿謝步親友賜賀者午間設麪席三桌晚間濟澧設筵公祝外客留飯與蔚庭偕參三人餘則叔卿楫生華仲無他客也

二十二日陰大風 入對二刻辰初三刻散直荊皖審午後到戶部總署德來勘當

二十三日晴大風 入對一刻辰初三刻散直傅哲生自年到京來晤久

談以鹽茶道任內撥車作護一案為丁稚璜劾奏部擬褫
職公論冤惜之午後到總署 署和使來因來辭行 天氣驟寒不減三九
二十四日晴 入對不及刻辰初二刻散直午後附近謝客在頌閣
處少坐到總署
二十五日晴 入對二刻巳初一刻散直午後到戶部出城詢雨
長病勢頗不輕心竊慮之 高雲霞診脈警言氣血兩虧急宜扶土固金兼滋陰為要
答哲生晤談酉初回寓汪子常來 子貴黃華
二十六日晴 入對三刻許午正一刻散直回寓小憩到總署壯平
招飲申刻赴之同席黃薇硯總憲 華 孫子授少寇
詒經孫燮臣少空家舅徐頌閣宮詹 郙 張子騰學

士宗驤主客七人清譚甚暢遂訂消寒之約

二十七日晴 入對一刻許辰正二刻散直劉芝坪大令葆深解鄂餉到京來見午後到總署 鈞兒自城外歸述雨辰病勢不佳自危尤甚如何是好

二十八日晴 入對二刻辰正三刻散直午正到戶部後詣醇邸賀送如意一柄弄璋之喜今日上入承大統後醇邸尚未有子也過穀士署談出城詢雨辰病曾約汪子常診視候至申正二刻未來乃歸

二十九日晴 入對將二刻辰正散直訪子常論雨辰病象亟要昨傍晚已往診視言脉症不符擬方服兩劑後再候消息

至銘彭處少坐，順問馬培之病，午後到總署，安吉立來
十一月朔日晴 入對三刻許 辰正一刻先散 赴庫收山東等省
餉二十四萬九千餘兩 放廂黃等旗餉九萬八千餘兩 回寓
將未正矣 楨兒自城外歸 云言雨辰服子常方 似覺對症
今日復診 易方 據子常云 若能見效 尚屬無妨 惟冀 假兩刻改
吉人天相 得有轉機 乃爲萬幸 劉省三銘傳來 未值 換貂冠貂褂
初二日晴 入對將二刻 赴南書房會商奏片 電報已正二刻
散直 午後出城答客 晤姚訪梅 肯夫 沅石 問雨辰病 服
子常方似有轉機 仍冀其日有起色也
初三日晴 入對刻許 辰初二刻散直 四牌樓附近答客 劉省

三來晤午後到總署子常來談論及雨辰病狀言明日

出城復診矣左脈見起便有下手處矣 鈞兒隨孫燮臣少宰赴東陵查估歲修工程

初四日晴 入對將三刻巳正二刻散直午後到户部總署 綺兒

自城外歸言子常往診脈有起色所易之方雨辰亦深以爲

然似可望有轉機也 内子因外感患頭痛甚劇夜不成寐苦甚

初五日晴 入對將及刻辰初三刻散直 若農來談午後到總

署 内子右頰下起一大核請馬培之診視言恐成耳根癰即

服其方 全小汀師大拜靈薌公以協揆

初六日晴風 入對將二刻巳正二刻散直 午後到總署 威妥瑪來

内子病勢稍減仍服培之方 接文卿書論館事及地方多

初七日晴 入對四刻許辰正二刻散直訪馬培之請其易方午後到户部出城問雨辰病大象頗有轉機仍冀其浮腫漸消為幸

初八日晴 入對一刻辰初三刻散直道金少汀師太拜靈前翁同協揆喜午後到樞署 内子病已十日自昨晚起漸見輕減稍能食粥 仍請培之擬方服之

初九日晴 入對將二刻辰初二刻散直作硯芸書托料理栢勛江浙務恤會存本事請馬培之為内子診脉渠前因請假未入直故未便屢次約來今日已銷假内子昨晚頭痛又劇故請伊来改方也 傍晚鈞兒自〇〇〇東陵歸

初十日晴　入對一刻許　辰初二刻先散　奉派揀選湖南長沙協
副將等缺　同派者文星岩名烏達　奎星齋　錢湘吟　殷譜經
孫子授　若笙　陪堂　巳初入座　東安門內南箭亭　午初竣事　共七十餘人　計
六缺　每缺挑二人　擬定正陪　由兵部帶領引8見矣8已出錄
用軍機經多不派外差　此次各部開送　祇有四十人　兵部正而祁子和　例不開　內秋坪及余均軍機
本日適派驗放　故余亦派出也　若笙顧寓便飯　未正到總署
8賞大卷八條　假袍褂料各一匹　卷代皮張
十一日晴　入對將三刻　巳初三刻散　直張藹卿華奎自粵來
省親回京來見　述粵省情形頗悉　午後到總署　二人都　內三
道瑞睦齋同年聯　得工尚書請　馬頭之後診　自昨日起

諸恙均見輕減矣 接喜桂亭龐省三書

十二日晴 入對一刻辰正一刻散直出神武門至西城拜客 晤額小山都護

道長誼亭遺嫁喜回寓少憩午後到總署

十三日晴入對一刻許辰正散直抵生來談午後到戶部

即赴三庫衙門同秋坪星齋挑補庫兵共八缺歸途

問曾栗誠病并候徐蔭翁新從盛京歸 答李雨蒼

十四日晴 入對二刻許辰初二刻散直午後率鈞兒往賀

夫函總署請馬穆之易方并將趙德輿所擬鈞兒

痰飲六方與之細商一過渠亦極稱當也

十五日晴 入對將二刻赴南書房會商奏片電報辰正二刻

散直，午後出城，賀吳蕙吟太僕遣嫁喜事，順道入富容館。蕭杞山侍御在若萱處少坐，看雨辰病，腹腫漸消，腿腫如故，眠食尚好，精神冬至但冀別無變局，當可日起有功也。

十六日晴。入對二刻，辰初三刻先散，赴庫收河南善後餉九萬五千餘兩，放五營餉需十二萬二千餘兩，回寓午膳，時已未正，畢印，赴總署。

十七日晴。入對三刻許，巳初一刻散直，午刻出齊化門前往作陪（賀夫人蒙恩賜祭，天使為徐蔭軒尚書）。天使青褂藍袍，太常寺官讀文畢，奠三爵，孝子旁跪，青長袍褂，帽綴纓（有翎枝者不摘），知外有舉行是禮沿用吉服之誤也。到總

署

十八日晴　入對一刻　辰初一刻散直　午收到戶部摺署　稜在明來請

馬培之易方　子常來談　接筱荃制軍十月初二日書

十九日晴　入對一刻許　辰初一刻散直　張藹卿來　西交振軒書

幷續述粵省情形　李雨蒼來論曾鮑兩軍防務

下午頒行冬至祀先禮

二十日晴　冬至　入對一刻許　辰初一刻散直　回寓小憩　赴緞疋庫收河

南等省解件　午後到摺署　孫男女輩次第染患疹病　瘟毒不重而牽動慢驚舊症

金官以體弱尤重　十八日晚間情形甚屬可危　高霞軒、馬

培之均仿人參敗毒散法治之　應手奏效　今日險象悉平

真萬幸也

二十日晴入對二刻辰正散直祝恭邸壽謁佩蘅師晤談時在假中非有函來詢近事也午後到摺署李蘭孫同年述祁文端句云金殿鐘聲風定後石欄人影月明中通真夜直光景又隨扈東陵差向杜繼園少空借帳房有補[redacted]懷之句云看他補假彌縫迹歷盡風霜雨雪天寄托饒有深致

二十一日晴入對二刻許巳初二刻散直午後到戶部摺署

二十二日晴入對二刻辰正散直衛靜瀾同年服滿到京來晤午後到摺署姑平[redacted]來談全孫病又翻覆情形可慮由本原太弱也亟進溫補之劑與其父手為幸

二十四日晴　入對不及刻赴南書房會商奏片電報辰初二刻撤

刻直道灤貝勒弄璋之喜并賀恭邸　近日當尊稚中西參多

病醫藥紛如無心緒殊覺不適

二十五日晴　入對辰正二刻巳初散直前因宮內合手擭混入禁門

之劉振生一犯有旨派軍機大臣內務府大臣會同刑部審

訊奉旨巳刻過堂訊係書有瘋疾供出伊親太監李雙喜尚

未查出即時要現審供詞定擬繳候因其語言狂悖請旨即

行處決定於二十六日具奏歸途遂到戶部午後到樞署金孫

病勢危險萬狀恐有不測焦慮無似

二十六日晴　丑初金孫病危即起看視一息奄奄竟於丑正一刻

化去面貌端整容色，君既傷心慘目，不自知其涕之何從也。
我家門祚衰薄，甫得兩孫，至此又弱一個，慟何如之。即着
人告知侄暨師相通融，三日暫不入直。慈親前俟巳刻梳洗畢
後方敢述聞，乃一慟而暈，神色頓變，亟延子常來診，謂本有
外感觸於悲鬱所致，進以人參、蘇葉、麦冬、茯苓等品，幸漸平
復。然高年遭此拂意之事，又吃一驚矣。申正金孫入殮，擬暫停三
日。

二十三日 晴。李蘭翁來晤，問慈親安否。手函復鄧沅卿書，請子常看慈親。復
診之，脈已平和，再服兩劑即康復矣。內子亦請馬培之復診，項下結核
時有消長，夜間仍作燥熱，恐尚非一二日所能痊愈也。金孫之殤未

两周而金思之瓶哽咽酸辛不能自已知此境排遣之难也

二十七日晴 金孙灵榇于巳刻移送妙光阁暂寄 经师秋坪先后

见顾均问慈亲安否师友之谊殷肫可感

二十九日晴 入对二刻午初三刻散直午后到总署 慈亲

气体渐安惟饮食略减尚未如常耳

十二月朔日晴 入对一刻辰初三刻散直午后到总署看户部

本日消寒第一集会子授作东集颂阁寓中申初赴之董

薇翁新病初愈未到 姊平嶽又臣子腾外增入广绍彭太因

马共七人到齐则八人也因明日设坛祈雪拟俟撤坛后再

订第二会

初二日晴 入對將二刻辰初三刻散直赴庫收長蘆等處餉六萬五千餘兩放廟壇等旗餉并黑龍江防餉共十八萬五千餘兩 請馬培之為內子復診言項頭外症實係瘰核現已作膿勢須出毒先進托毒扶膿之劑約初五日來上膏藥言破亦不妨事惟須二十日收功耳

初三日晴 入對一刻許辰初三刻散直祝全小汀師相八旬賜壽午後到署樓與許竹筠太史景澄深談時竹筠新得簡出使日本大臣下榻署中檢閱檔案也

初四日晴 是日設壇祈雪 入對二刻許辰正二刻散直午後到戶部出城奠次典夫人聞雨長病似又有翻覆不無可慮看徐季和在卧房少坐

容顏色蒼瘦精神尚好 會李蘭翁衛靜瀾 酉初回寓 子常

來爲兒視診脉擬調理方

初五日晴 入對將三刻 卯正散直 穆宗忌辰恭詣 壽皇殿

隨同行禮 答秋坪 午後到總署 日本參贊田邊太一來 馬培之來言

內子痰核尚須服補氣扶脾之劑 仍初八日再來診視

初六日晴 入對將三刻 辰正散直 靜瀾來 晤昨有 旨署晉撫

也 午後到戶部 總署 威妥瑪來 日來盼雪甚殷 昨今早間均陰

有醞釀之意

初七日晴 入對一刻 巳初三刻散直 接陳俊臣書 印後之子

初八日晴 入對一刻許 辰正三刻散直 午後到戶部 總署 接勷翊十一

月二十八日電報俄事已有就緒可喜也

廿九日晴　入對二刻許辰正二刻散直甘肅臬司史緝之念祖來見

寅初將入直哭接雨辰凶耗（於昨戌刻作古）午刻前往哭之雨辰家傳

忠厚乃去年慘遭錫蕃之變今竟遘此長逝僅長舍一

歲耳一家孤寡至戚關懷傷感其何能已

初十日晴　入對一刻許（赴南書房會商奏片電報）辰正一刻散直即赴樞署膳後偕各部院

大臣赴西國各使館拜年申初回寓是日午刻雨辰大殮竟

未能往良用歉然俄事什終年餘至此始有歸宿胸中塊壘為

之一消内子請馬培之復診痰核已破膿尚不多

十一日晴　入對一刻許辰初二刻散直午後到戶部昨因事未能視兩

辰入殓，今日专诚拜奠之，并为经理一切，公私头绪尚繁，未能一一

就理也。

十二日晴。入对将及刻，辰初二刻先散。赴库，赴山东寿省饷支

万二千余两，放步甲鲍营寿饷二十四万三千余两，回寓将

未正矣。

十三日晴。入对一刻许，巳初二刻散，直午。后问韫师病，就卧榻

视之。乘舆中脱肩伤腰，不能起坐已半月余矣。到总署晤

蔚庭、伯葵来，有托携信件也。

十四日晴。入对一刻许，辰正二刻散，直午。初到户部，出城与鲍商酌

两辰出殡事，屋小人多，难于照料，不得不早为安置也。送葬阅

於翁文缦之到文昌館壬子公請靜涵也子禹来晤沅師有
屬致語予貢藏香兩束計四十枝
十五日晴 入對將二刻赴南書房會商奏片電報辰正三刻散直經
師陡患情症未能入直往晤仲昭據述情形甚重可慮也闵生菴
病甚劇往視之精神尚好而病情甚屬可危午後到樞署 赫德来
亥刻長媳產一女尚平安然已不如前數胎之充實矣 外
十六日晴 入對刻許辰初三刻散直詢經師病昨得汗邪已解惟尚未
清解 午後到樞署 凱陽德来 出城到廣慧寺次典夫人出殯也看
毓兒并儐晚進城
十七日晴 入對刻許辰正散直午刻到户部未及畢即至樞署 宋户
琛 咸安張
先後来 回寓已酉初矣 日賞水魚永蟹

十八日午前晴午後陰 入對二刻許巳初散直午後到戶部出城看毓兜順道

答客 戌正雨微雪

十九日陰大風 入對一刻午初散直未刻偕秋坪芝菴受之往

送宗室戶職行仍在受之處會齊 燈下作荀亭書 本日

賞緞綢袍料兩大卷褂料一大卷帽緯一匣

二十日晴 入對一刻許辰正二刻散直出城為雨辰題主襄事也

諸又滕可炘馮聽濤崧生兩太史皆回鄉也午後到戶部

二十一日陰 入對不及刻辰初封印辰正散直出城送雨辰殯暫寄

妙光閣 一看金孫靈櫬申初回寓

二十二日晴 入對一刻候黎明散直回寓小憩巳初到總署偕各部

院赴俄館拜年威妥瑪約談偕毛旭翁前往經師病勢甚
州遷醫而不對症約馬培之診之并為謹述連日病狀即服其
方冀其應手奏效為幸

二十三日晴 入對將二刻辰正散直向經師病精神氣色較昨稍好服塔
之方服對症也午後到戶部偕總稅務司赫德訪稽晤談少坐
到總署

二十四日晴 入對刻許辰初一刻散直答拜崇星階光緒禹民識錫席卿
珍在席卿處坐談三刻午後到總署復湘並潘星階書 新授蘭州府謝心齋鉞來見

二十五日晴 入對將及刻已正散直謁經師精神氣色稍好病情
尚多波折也午後到總署至晚始并與蔚庭伯葵談 賞鱘鰉魚

二十六日晴 入對一刻辰初三刻散直謁經師病勢不減殊可焦慮午後出城看鍒兒并為料理一切歸途到樞署已晡

二十七日晴 入對將二刻辰正三刻散直謁經師夜寐稍靜氣喘未能平也午後到戶部樞署

二十八日陰 入對一刻 皇上詣 太廟頂行祫祭禮 乾清門外階下站來回班穿蟒袍補褂 辰初二刻散直謁經師病精神甚委頓而自餒特甚語多不吉勸以悉心調養勿多過慮並情形頗可慮也午後祝保衡師相壽料理年務歷碌竟日

小除夕晴 入對將二刻辰正散直謁經師病情於昨殊為焦慮（不虞病卒已三十日夜矣）午後到樞署閱 鍒兒懷疾大作出城視之為延同鄉吳蓮伯

癃診治莫其、、哀戚得寐為幸　8賞荷包

除夕晴　入對一刻　乾清門跪安接　辰初三刻散直歸　至恭、惇兩邸　慶邸　師門賀年　巳正回寓

巳初三刻作古

哭周經師出同豈消哭之俯仰生平不自知其淚之何從也僑寓

伯升仲甚昆仲料理一切適值歲除諸不獲手兩初始歸向當歲

了畢急歎睡矣　8賞龍字荷包金銀八兩錁等年例各荷

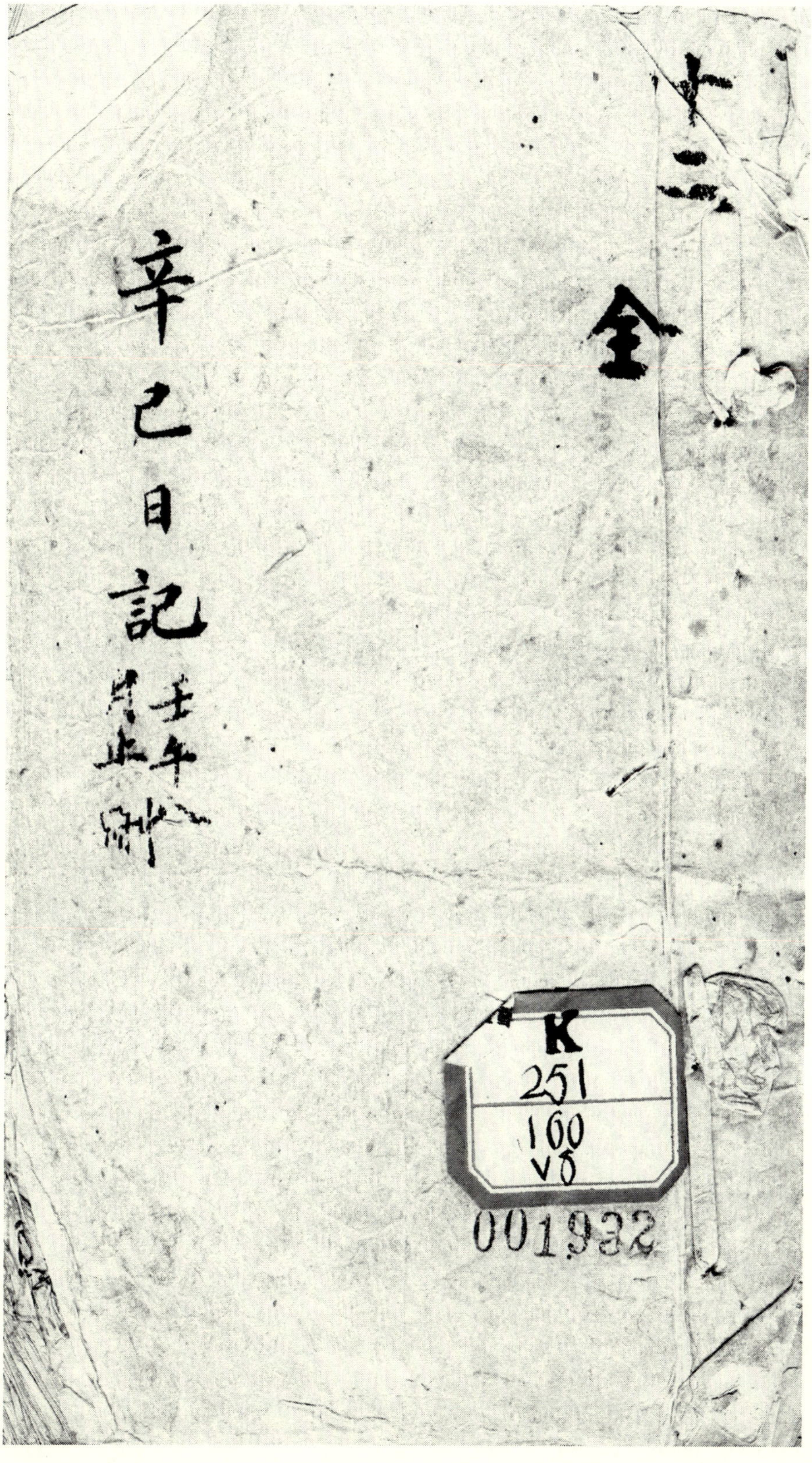

十三

全

辛巳日記

壬午八

月止附

光緒七年辛巳五十二歲

正月庚寅元旦甲子　子正三刻起丑正到直廬寅初二刻召見

慈禧太后尚未報大安先在詩本房門外向上三叩首令

奏事太監奏賀見面時賞福字荷包叩賀叩謝如儀其（赴南書房會商奏片電報）

慈寧宮太和殿壽皇殿行禮時刻服色均同上年

巳正出西華門詣醇邸賀新禧午正回寓拜天地祖先畢叩賀

慈親新正大喜小憩六刻赴經師宅（酌定遺摺稿）照料一切傍晚始歸

初二日晴　入對二刻坤寧宮吃肉辰正散直就近拜年回寓小憩

午正赴倭師宅送殮附身附棺親為檢視諸孫被刷湘產陰沉像木杭運京者質堅色老見者均詫為目所未覩也申正歸
初三日陰　入對二刻許倭師遺疏上　懇旨賞陀羅被派貝勒載澂游
奠醊贈太子太傅入祀賢良祠照大學士例賜卹賞銀二千兩回原籍
治喪時地方官照料子文壽賞舉人孫錫琦賞郎中可謂　天恩優渥矣先是昨
見面時恭邸將出殯日期摺奏　東聖垂詢甚詳實在病狀及身後事掩淚久之同人亦為
之泣下今日請　旨東聖復垂淚不止　恩典至隆意似若有歎
惜者待下之厚真可感也辰正三刻散直印錄送　恩旨陳於靈前并酬應一
切午初回寓小憩下午就近拜年二十餘家夜陰寒有雪意黎明又霽

初四日晴 入對刻許詣 懋勤殿跪進春帖子辰正一刻散巳午刻出城拜年到四十餘家在李侯處少坐看 毓兒昨今稍好外感仍未清也

初五日立春晴 入對不及刻辰初散巳北城拜年共二十餘家午後到户部撥署 春帖子賞如年例

初六日晴 入對不及刻辰初散巳東城拜年共二十餘家下午赴經師宅見師母傷感之至無可慰藉也 天氣極寒為冬臘所未有

初七日晴 入對一刻許辰初二刻散直鵠山到京來晤久談 於去年八月丁內艱

未刻出城拜年到三十餘家看疏兒作今詩立意淅平外處似已

請吳仍服吳蓮伯方

初八日晴 入對一刻許辰正散直午後到樞署威妥瑪來

初九日晴 入對一刻辰正散直西城拜年下午酌馬塘汪子常邀

公頌閣陪

初十日晴 入對刻許辰初二刻散直回寓小憩即至樞署各國公使

來拜年部院咸集年例也鴿山來夜談即同便飯藉以話

別 賞香橙分得三十枚

十一日陰大風 入對一刻許巳初散直赴南書房會商球案至綞師宅照看一切午後到總署

十二日晴 入對二刻許赴南書房商定球案奏片辰正三刻散直

午後到戶部城內外拜年徐蔚庭處少坐看毓兒病已平復

矣

十三日晴 入對一刻辰初二刻散直敬具幛聯祭筵率鈞兒詣綞

師相宅上祭幛曰吾將安仰聯曰知弟莫若師數年來昕夕追陪方期沆瀣相承艱難

共濟忘身以報國十載關形神交瘁竟至膏肓不起中外同悲蓋紀實也志福雲同年

招飲午初赴之蘭孫秋坪伯寅同席皆壬子同年也歡叙

竟日蘭孫述其挽文〻忠悱語曰共濟溯同舟五諫多因

此後更誰能益我中流失砥柱公忠體國方今何可少斯

人惟情真故語摯耳○賞元宵分湯八十枚

十四日晴入對不及刻辰初一刻散直借蘭孫至從師宅一看本日

○內閣疏上賜謚文定為近來所罕有也午後奠澂貝勒到樞署

上元節十五日晴入對不及刻辰正○皇上升保和殿筵宴○乾清門下站出班不

站回班穿貂褂沿上年之誤也其實歷年俱穿補褂本日○

皇上亦御龍褂其〻為應穿補褂無疑下屆必當更正站班後即

散直擬出城拜年大風不果憩息半日

十六日晴 入對刻許辰初三刻散直午正出城拜年在蔡漢三處少坐看毓兒近日身體頗好 蘭孫述祁文端挽袁午橋漕督聯曰十載戰功多保障江淮盡瘁無慚諸葛表三朝恩遇憧州酬庸祠廟傳心猶著老萊衣袁尚有母在堂也

十七日晴大風 入對刻許辰正散直午正到總署安吉五來 申刻赴俗彭伯消寒第二集也子授以大風未到笑談竟席心境為之一舒饌亦甚豐回寓已亥初矣

十八日晴 入對一刻辰正散直午刻後出順治門拜年十餘家至太常館總署團拜公請也聽四喜部有盧令和樂壽劇酉初二刻進城

十九日晴 入對不及刻辰初三刻散直午後出總署戶部 卯初刻開印

二十日晴 入對將三刻辰初三刻散直訪子常向88禧聖昨日脈象平閑 緣見 面晴88東聖甚著急也至經師宅一看本日申刻余作

消寒第三集同人畢至竟席歡敘亥正始散 撰白風毛褂

二十一日晴 入對二刻許辰正散直午刻辛亥同年公奠經師祇

西陶小停子仁及金四人而已到戶部抵署 子常書來言
88禧聖人今日脉象大好惟以日起有功為禱
二十二日晴 卯初得雪不及寸 入對一刻許赴南書房會商奏片電報辰正
一刻散直午後到總署公請許竹篔星使 接丞階書 88禧聖
連日病勢有減子常培之均有書來告也
二十三日晴 入對三刻辰正散直詣經師宅上祭軍機處總理衙門
兩處公費也午後到總署 禧在明來 馬語之來述88禧聖病狀
頗有起色稍慰焦慮

二十四日陰　入對二刻辰初二刻散直文定師本日奉諭祭天使為殿
譜侄少宗伯兆鏞前往候陪向例滿大臣祭文讀清太常寺官讀
漢大臣祭文不讀清鴻臚寺官讀餘儀滿漢同未刻到戶部
歸途候延旭之昆仲少坐本擬出城以時晚不果○管理三庫
大臣向係一年更換嘉慶十四年定為三年更代又向來祗派二員
管理道光二十三年添派二員並派戶部滿漢左侍郎兼管六人管庫始此
二十五日陰　入對將及刻辰正散直文定師宅本日請萬藕舲
冢宰青藜題主陸蔚庭陳仲英兩太史襄題前往照

料一切午後到總署

二十六日晴 入對不及刻辰正散直午後到户部出城在年壽（康）少坐

并候皆夫君翁晤談回寓已酉正二刻矣 子常書來知

其積壁連日大有起色可喜之至 毓兒自老情根歸

二十七日晴 入對一刻卯正三刻散直丁恭帆士彬以四川候補道引見到

京來見午後到總署左恪靖到京暫寓賢良寺先往候之以舊

有交誼也精神甚好惟步履稍差耳

二十八日晴 入對四刻巳初先散赴庫收江西餉十六萬一千餘兩無敢

歎回宮一轉即赴文定師宅陪弔今明兩日欽奠帖也酉正歸

二九日雪 入對將二刻辰初三刻散直赴文定師宅陪弔未初回宮

本日有旨左宗棠管理兵部事務在軍機大臣上行走並在

總理各國事務衙門行走 自朝至暮得雪二寸許雖未透

洽霑澤亦聊勝於無矣

二月朔日午前陰後晴 入對一刻許卯正二刻旨坤寧宮喫肉辰正

散直午後到總署 法儲譯林椿來 至文定師宅一看酉初歸 ○左中

堂入直體胖年高雪後路滑見面時氣喘汗流余與蘭孫左

右扶婿姊赴老母國不以公帑力為禮蓋務持亦居其半此習慣當自

戒毋

初二日陰大風 入對不及刻卯正二刻散直赴文定師宅看視發引送至燈市口上大槓後回寓小憩左季翁來晤談午後出城至觀音院槓到巳申初美辛亥有公祭禮成後到若笙處久談商吳選青事酉正歸

初三日晴 入對一刻許辰初三刻散直午後到戶部撥署

初四日晴 入對刻許辰初一刻先散赴庫收江西漕折十萬兩放廂紅籌旗并審雲餉共十一萬六千餘兩午初回寓小憩到撥

7

畧散後至東廠胡同候筱舫世伯前以甫自山東來也

初五日晴 入對刻許赴南書房會議球案辰正三刻散直奠京尹

李藻舟夫人 接寄亭正月九日書

初六日晴 入對刻許巳初一刻散直午後到戶部趨署

初七日晴 入對刻許辰初一刻散直訪馬培之談仲英來晤述文定師

家事午後到趨署威妥瑪來

初八日晴 入對將二刻辰初一刻散直午後到戶部出城送許竹篔

行惜赴日本臨行前數十日連殤兩男一女亦正大難爲懷也 問祁子和同年病就卧室少坐

雨國辰故已六十日送禪經二百卷莚一席前詣行禮與蘇兒從家
帝席上燈後於選金衢嚴道聯少甫綬來見工部屯田司掌印
與鈞兒同司
初九日晴入對一刻辰正二刻散直回寓小憩即赴總署左恪靖今日
到任也例送一回賀午席旭翁芝菴受之伯音同在座安吉立何天爵禧在明先後來
初十日陰入對一刻許巳初散直於選思南府德鍾於選臨江
府李伯璵瑞先後來見謝心齋辭行赴滄州任午後到總署
十一日晴入對一刻辰正二刻散直午後到戶部總署

十二日晴　入對不及刻辰初散直午刻出城訪芝龕先生未值辛亥同年團拜才盛館挈森兒同

往黃讓卿彭香九兩侍御承办有挑簾剃頭洪劇進城已酉正

矣森兒留聽燈戲換洋灰鼠袍褂

十三日晴　入對一刻辰初一刻散直至文定師宅一看晤仲昭新授閩

封遺缺府周鼎卿冠來見金季雲解來餉刘家晤談午後到

總署

十四日晴　入對一刻許巳初散直午後到戶部總署

十五日晴　入對刻許辰正一刻散直午後到總署　先光祿諱日忽

忽二十三年矣春露已零感愴曷極

十六日晴 入對刻許辰初三刻散直午後出城答金季雲英勞樓

鄉訪若笙後侍御創柏梘郡會館 虎坊橋東路北 正在興工修葺也

未刻至才盛館招納房園拜有劉日游殿試劇 酉正進

城接子健正月廿六日書

十七日晴 入對二刻巳初散直午後到戶部摠署

十八日晴 入對一刻辰初二刻散直午初到摠署久為動剛電報 正

深黯昨晚接英使威妥瑪信言接伊國來電中俄新約已

接正月二十六日畫押悉劼電，我有滲洸，即以寄電信查詢之，出城答傳梧生晤談，順道拜客，赴文昌館雲南同團拜公請也，有奇雙會、琴挑諸劇。酉正進城。

十九日晴　入對，將二刻巳初散，直午刻到總署，威妥瑪、凱陽德、李圭立、赫德先後來，均拜謁左楷請也。申刻送穆劼剛正月廿二日發俄都、二月初七日發法都兩次電報，知正月二十六日業已畫押，償款分六次兩年為期，此案糾紛膠轕，援殊狡變，患莫測，作此收束，亦尚差強人意。劼剛處此，真大不易，惜吳江師相不及見耳。

二十日陰 入對刻許辰初一刻散直午後到戶部總署接仲和天津信

二十一日可到京

二十一日晴 入對一刻許辰正二刻散直小峰亭來晤午後出城至老墻根仲和甫下車卜卓然同來久談酉初歸 接子常信言慈禧太后節屆春分脉象日有起色諸症均減春生夏長遲則夏至必可報大安矣欣抃何似

二十二日晴 入對二刻許巳正散直蔚庭來午後到總署 成亭瑀來 左恪靖欵以湘肴甚馴也酉初回寓姑平來談

二十三日晴 入對刻許赴南書房會商奏片電報辰正散直小憩即

出城赴仁錢館團拜照章設四席共到三十人今年余接管館務

也散席後偕星海太守暨忠甫同至杭郡館訪茗笙就晤選青

畧談新訂之局酉初歸 换灰鼠袍褂

二十四日晴 入對刻許辰初散直奠照星垣上公祥午後到戶部總署

祝成竹坪太夫人八旬壽酉刻歸（演春台戲看見汝）

二十五日晴 入對一刻辰初二刻散直穀士來晤京察覆帶新記

名近午後到總署竹坪太夫人着人來邀聽戲偕毛煦翁赴之

演四喜戲甚佳亥初始歸　柏百福來言俄君於十四日閱兵歸中途被匪轟斃旋接勳剛電報亦云然

二十六日晴　入對將三刻辰正散直訪仲怡久談午後到戶部總署本日

换銀鼠袍褂

二十七日晴　入對刻許赴南書房會商奏片電報辰初三刻偕蘭孫散直

往賀左季翁移居之喜北池子北頭設有頃午後到總署申初赴姊

平齋消寒第四集也縱談散洽戌正始歸

二十八日晴　入對刻許辰正一刻散直午後出城赴文昌館壬子同年

團拜也鶴峰師相挈世兄來與其孫甚好同年在京廿五人矣

含之同年兄弟及年姪輩共送上席 酉正進城 接曾沅翁自天津來書

廿九日晴 入對刻許辰正散直午後到樞署旋赴俄館道喜壽者七人到戶部至伯音處少坐即同赴英館左季翁留談也 酉正歸 燮臣同年來晤

三十日晴 入對一刻許辰正散直向季菴病就國室晤談歲初甚危現已漸愈可喜也 答綿佩卿同年新自盛京被議回京也 手復曾沅翁書

本日換羊皮冠黑絨領

三月初一日晴 入對一刻辰初先散赴庫 放鑲黃正白兩旗餉並各

頃共九萬八千餘兩 午初回寓小憩 到樞署

初二日晴 入對刻許 辰初散 直午後到樞署看 禧在申正赴燮臣招消 明来

寒第五集也 妹平有國事来到 戌正歸

初三日晴 入對二刻 辰初二刻散 直張粤卿来晤 午後到樞署 巴蘭德来

仲昭来談 本日换棉袍褂 貂冠 藍絨領

初四日晴 入對一刻許 辰初二刻散 直午刻到戶部 出城唁周蓉會

生內其母喪 合周荇農晤 訪仲和未值 與阜然談家常 表妹倩馮星垣燧自嘉定来

初五日陰 入對一刻 辰正散 直午後到樞署

清明節

初六日午前微雨午後晴　入對一刻卯正三刻散直新授武昌遺缺府慶子

臣勳来見午後到樞署　望澤已久丑正至辰正得雨頗寒

惜向午又暢晴矣

初七日晴　入對一刻許辰正散直午後到户部　道穀士賞帶記名甚

久談歸途拜客至後路并晤伯葵久談蔚庭未值

初八日晴大風　入對不及刻辰初二刻散直次典来晤賞帶記名　午後到樞署

胡雪岩到京左恪靖招之来也自王營旱道来闻其不慣坐車顛簸甚苦腰脚

受損先往候之久談　恭邸面請給假十日為福晉辦葬也

初九日晴，風大。入對不及刻。8東聖欠安，撤覆。帶記名子謹、貴福謹（見面時請撤也）兩起。辰初二刻散直，出德勝門詣恭邸園寓上祭，軍機、總署兩處同人會集於善緣庵便飯，山水依然。〇園廷非舊，令人有不堪回首之感。未正一刻歸，來往均走九刻。（外感觸動痰飲舊疾）

初十日晴。東聖欠安未愈，未叫起，辦事遞奏片，諮入直後第一次也。巳初散直，午後到戶部、總署。威、安、瑪來。

十一日晴，大風。子初得報，8東聖病危，即起進內。寅初乾清門始開（較往日）遲二刻。奏事太監出舊卷，仙馭已於昨日戌刻升遐，倉猝變生，哀號何極。卯正三刻

西暨御體元殿（卯長春宮前殿）召見痛哭不止（同人皆哭）再三叩請節哀珍重奉

諭偕惇醇惠三邸（是日恭邸適在昌平州办葬申正趕回已大殮矣）謨公御前大臣毓慶宮南書房內務府大臣（共二十三人）赴鍾

粹宮瞻仰遺顏免冠三叩首悲痛之情不能自已回憶自入直至今三年有餘

祗昨日未能見面耳 聖德徽音追攀莫及傷何如之下退至直廬遞（穿青長袍褂摘纓 班在慈寧門內東旁）

遺誥一道 通諭一道 未刻大殮隨同 皇上行禮畢申初散直

錄兒時充屯田司正稿奉派部總辦服飾事

十二日晴 寅初入直辰初一刻行朝祭禮辰正赴庫收山東餉二萬餘兩（午初三刻行晚祭未能到班）

放步甲等餉及靈遲營餉共二十四萬餘午正回寓小憩申初進內

（三刻）行晡祭禮申正散直歸 慈禧太后尚未大安未能日日召見奉

日起內摺先交下閱看開單擬8旨進呈見面摺另用奏片

十三日晴 寅初入直辰初一刻行朝祭禮午初三刻行午祭禮回寓小

憩仍進內申初三刻行晡祭禮畢散直 本日奉8旨派穿

百日孝 惠郡王以次共三十一人 軍機南書房 此次表儀殺8列后

毓慶宮內務府均全派餘則皆宗親也

加隆此其一節也

十四日晴 寅初入直辰正入對 體元殿二刻七八分 西聖服縞素傷感之

餘神氣較弱午祭後回寓小憩仍赴晡祭

十五日晴 寅初入直三祭均隨同行禮午祭後回寓小憩 換絨冠夾領

十六日晴大風 寅初入直辰初行殷奠禮殿課作（不臨字解）三祭均如前儀夜微雨
十七日晴 寅初入直三祭均到班 少停同年來晤
十八日晴 寅初入直午祭後赴內閣會議○○慈安皇太后尊謚
回寓小憩晚祭仍到班 恭查乾隆四十二年○○孝聖憲皇后（陰○○孝聖○○）
道光二十九年○○孝和睿皇后成案均恭上十二字土[illegible]孝和二
字外中留○○原徽號六字增加○天○聖四字此次敬擬撰呈請○○
旨惟原○○徽號除○○慈安二字外其餘八字擬去端康昭莊四字
留用裕慶和敬四字避○○慈禧太后徽號也

十九日晴 寅初入直辰初行啓奠禮三祭如前儀

二十日晴 慈安皇太后梓宮奉移觀德殿寅初入直卯初隨同 皇上行禮恭送 梓宮登大昇轝（卯初二刻舉）後仍回直廬办事畢散後馳赴。觀德殿大门外跪迎（辰正二刻到計走十二刻）俟安奉畢齋集行禮内廷班次在二门内東旁餘均在大门外奉移以後二十七日以内每早齋集一次不與午晡兩祭 皇上间日一詣。觀德殿

二十一日微雨 寅初二刻入直入對乾（體）元殿二刻許時已辰初不及赴觀。德殿早祭矣巳初散直午後到工部歸途奠曾栗誠本月十五日

作古未及往視也到樞署本日奉○上諭○○慈安皇太后普

祥峪萬年吉地定為○○普祥峪○定東陵又奉○○上諭敬

上○○慈安皇太后謚號曰○○孝貞慈安裕慶和敬儀天祚聖顯

皇后

二十二日午前陰大風　寅初入直辰正二刻散直奉移後例應每早齊集之

次二十七日後傳止正值卯辰間樞垣辦事之時往之趕不及也

二十三日晴　寅初入直辰初二刻散直午後到文定師宅問安師母悸發

鄭世妹談拜李中堂本日到京叩謁○○梓宮也到樞署威妥瑪來

二十四日晴 寅初入直辰初二刻散直李中堂午後出城晤仲和阜來久談此間李侯病劇爲可慮見修伯夫人新自南中回京也訪若農坐談渠將於二十七日後請開缺勸以過百日爲是 奉移後8皇上間日一詣 觀德殿早祭連午祭樞直除恭邸外皆未能前往也（穀雨後早祭改辰初）

二十五日晴 寅初入直辰初三刻散直午後到戶部搭署旭人到京來晤

二十六日晴 寅初入直辰初散直午後到戶部搭署 安吉立來 胡雪岩來晤馬培之來辭行（本日奉8旨）准其回籍

二十七日晴 寅初入直卯正三刻散直送馬培之行 勵軒之姪張既耕

書田來見述及直隸知縣(嘉興人)勞迺宣留心洋務任臨榆時政聲卓著

人才難得附誌之午刻聞知朗軒到高佳資良寺往候之別逾六載亦

稍增老象矣順訪李中堂談到總署

二十八日午前陰丑正二刻入直卯正散直詣觀德殿隨班行大祭禮

赴假足庫收放物件午後到總署 咸安瑪來

(大祭後8皇上9觀德殿間五日一詣)

二十九日陰寅初入直辰正散直午後到戶部總署黃莫(粟)曾誠朗軒

卅日請安 召見養心殿東暖閣8皇上獨見六額駙景壽

帶起垂問數語簡明有序此為第一次面聖度從容即此可

見政可喜也

四月初一日雨　寅初入直卯正三刻散直朗軒來久談盼雨日久自子

刻起竟日得三寸許陰雲密布雨意尚濃仍盼甘霖大霈也

初二日陰雨　寅初入直辰初三刻散直易笏山來晤久談許稜豎畀到

宮　陛見也午後到總署威妥瑪來

初三日雨　寅初入直辰初一刻散直午後到〻戶部歸途送雪岩

行連日得雨深透農望大慰此時尚〻可幸者也

初四日晴　寅初入直辰正二刻散直午刻約合肥湘陰兩相國同在總署便飯會商洋藥釐稅併徵事

初五日晴　丑正二刻入直辰初散直答拜翁山未值午後到總署會肥湘陰均未到威妥瑪來論洋藥加稅免釐事

初六日晴辰刻雨　寅初入直辰初二刻散直作謝文卿中丞書朗齋來久談換夾袍褂湖色衫

初七日晴　寅初入直辰初二刻散直候李中堂未值午後到戶部總署李中堂來久談芸史梓生到京

初八日晴　寅初入直入對　體元殿三刻許仰瞻　太后精神氣

象殺前大勝殊堪慶幸午初散直　近来不能逐日見面積件
較多今日共办8客論六道明發十一道退直之後頗覺憊矣
回寓小憩下午與芸史談家常　本日肯夫放四川學政
初九日午前雨午後晴　寅初入直辰正二刻散直沈文定師百日詣觀音院叩謁
並見師母同徐李兩病情形甚危殆不可支矣訪仲和卓然商
赴程子宜回寓小憩至樞署　和使費國使帶貝　本日恭邸
黄約果孫來○德祿來
到署接見也　邵小村自俄回京
初十日雨　寅初入直辰初先散赴庫收山東籌省餉十一萬一千餘被廂

黄旗米折等银十一万五千余两回寓小憩到总署威妥玛来偕李中

堂与论洋药加税事

十一日晴　丑正二刻入直辰初一刻散直午后送李中堂行到总署

新授曲靖府施济航之诰岳州府文商生镛先后来见选青

来晤谈仲昭偕小世兄来谢孝对之惘然

十二日晴　寅初入直辰初三刻散直新授汀漳龙道孫　興浙江

候补道冯铁华譽驄（展云之弟）湖南安仁县甘曾生启运新授福州遗缺

（辛亥同年户部主事[illegible]记名）

府廷寿峰愷先后来见午后清理案头积件

十三日晴 寅初入直辰初散直午后到户部總署 勳陽、德来

十四日晴 寅初入直赴南書房會議結俄案（於十四日申亥刻）巳初散直午后到總署

朗軒来夜談 徐李翁作古老成世将周々悵然

十五日陰 寅初入直辰正三刻散直午后到户部出城奠徐李翁

至鍾定晤仲和酉初歸朗軒来談

十六日晴 寅初入直巳正散直劉蘭洲璈新授台灣道来見又新

選平慶涇道鄭 錫瀛来見午后送朗軒行到總署申刻

約朗軒便飯話别邀穀士陪

十七日晴　丑正二刻入直　辰初三刻散直　送攸莘卿世姊行　晤姊婿與仲並談　午後到總署　仲怡來辭行

十八日晴　寅初入直　辰正入對養心殿西暖閣三刻許　禱聖久不御輿　近日大見康復　較之初八日見面又不同矣　抃懸何似　巳正二刻散直　郤小村侯　晤筠山來辭行　以匆匆出城　未及久談　申初詣觀音院　辛亥同年公祭文定師　至孝靖根看銃兒　並送仲和卑然行　回寓將戌初矣　本日奉〇〇批〇〇儀約之〇〇旨　而文定師靈櫬將於明日起程回南　與儀事相終始　亦數有

前堂也

十九日晴 寅正三刻起出城詣觀音院叩送文堂師靈櫬回南辰刻至姊兄閣送雨辰歸櫬 銘兒金孫兩棺附便送歸即至老墙根看毓兒登程不當朝間百感交集不自知其涕之何從也訪蕃生談即留便飯候肯夫久談時將赴學川中也是日未入直

二十日晴 寅初入直辰正一刻散直午後到户部總署午前鈞楨兩兒送毓兒至通州先後歸

二十一日晴大風 寅初入直辰正初二刻散直湘鄉王瑞臣冠瑳来見 沅浦

宫保〻錫將送果誠眷屬回南也午後到總署夜微雨

二十二日晴 寅初入直辰正一刻散直午後約筠山便飯暢談而

別

二十三日晴 丑正二刻入直卯正散直詣 觀德殿隨同行禮二十七日停止

齋集後每逢8 皇上至 觀德殿内廷例應隨往今日散直稍早

始趕上也 慈親八十二歲壽辰以 國制百日期内未敢稱祝陸氏

昆仲来頌臣適送蔚庭眷屬到京也

廿四日午前雨後陰 寅初入直辰初二刻散直午後到户部總署 貝德禄来

廿五日晴大風 寅初入直辰正散直午後莫李藻舟宗尹 朝儀鄒德雲治中在人到總署

廿六日晴 寅初入直辰初一刻散直午後到户部五文宅一看晤姝定師均談并謝師母賜禮 朝珠頂珠褂統香串 誼不敢却也 陸公頁烟壺手卷等六事

臣来談

二十七日晴 寅初入直辰正一刻散直劉季眉庭来来見詠如之子相貌甚體面午後到總署 鄧陽德来

二十八日晴　寅初入直（辰正一刻入對體元殿三刻許）巳正一刻散直冒小山沅由京来見并藉詢湘中近事

二十九日晴　丑正二刻入直辰正二刻散直午後到戶部總署

三十日晴　寅初入直卯正一刻散直午後到總署子授来久談

五月朔日晴　寅初入直辰初散直赴庫收湖南等省餉十六萬四千餘放廂黃等旗餉及端節交進銀共十五萬五千餘兩未初稍散杞山来晤交曾沅翁信屬高陽遞摺也

初二日晴　寅初入直卯正三刻散直候左恪靖晤談以足疾三日未

入直也旭人分發浙江又四川建昌鎮劉六如士奇 福建福寧府 来晤

周子玉繼琦先後來見午後到總署 比使諾高丹来

初三日晴 寅初入直辰初三刻散直新選四川通江營守備邱錦榮

来辭行湖南武衛前軍中武舉也臨别依依材品頗有出息午後到户

部總署

初四日晴 寅初入直辰正三刻散直午後到總署 史安吉立来 孫貴黃貴

送蘇兒自天津歸言於初一日下午上豐順輪船初二日寅

正開行連日無風計明日可平安抵滬矣

端午節早雨午晴 丑正二刻入直卯正一刻散直午刻祀先請許濟川比部致楫

為内子診脉近恙午後發熱夜間咳嗽精神疲軟據濟川云症

係肝鬱陰虧素尚有伏邪在内否則全屬本原便覺費手矣

方用柴胡鱉甲湯姑試服之

初六日晴 寅初入直辰正入對養心殿將二刻巳初二刻散直午後到摠署巳蘭輔臣文德來

閱徐花農書驚悉麗生竟於四月廿四日巳刻病歿杭垣湖

南會館才人薄命乃至於此迴憶前遊為勝悽痛

傍晚陣雨不大

初七日晴 寅初入直卯正一刻散直輔臣來述麗生病狀相對

嗚咽此才作此結局真可慟也候許濟川來復診擬至總署

不果 補臣并述楊小畡樹先亦病殁湖湘英俊相継彫零惜哉惜哉

初八日晴 寅初入直辰初二刻散直午後到戶部總署

初九日晴 寅初入直辰初三刻散直午後出城奠徐李翁久坐送肯

甫行談良久而別

初十日晴 丑正二刻入直卯正一刻散直午後到戶部總署十三日恭

上〇〇慈安皇太后尊謚本日起齋戒三日穿青長袍褂戴

雨纓帽掛齋戒牌

十一日晴 丑正二刻入直卯正二刻散直蕫宜春宇少司農午後到

總署 夜微雨

十二日陰 寅初入直辰初一刻先散赴庫收河南等省餉十六萬三千

餘兩放步甲等餉四萬九千餘兩午正歸旭人來晤以選缺無

期指分浙江本日遞摺謝恩也

十三日晴 丑正二刻入直卯正散直本日恭上孝貞顯皇后尊

謚皇上恭進冊寶之初 觀德殿隨同行禮午後到總署

青長袍褂摘纓禮成後易縞素

早間忽患水瀉自丑至午六次下午漸好精神頗覺疲軟

十四日雨 寅初入直巳初一刻散直午後到户部樞署 内子五十一歲

生辰 好雨竟日優渥霑足日來盼澤正殷也大秋得此豐農望大

慰矣

十五日霽 寅初入直入對養心殿 日繞 聖慈顔日見豐腴殊為可

喜 巳初一刻散直午後酌旭人兄藉以話别邀頌閣陪本日丙

江報到子健於端午日丁生母憂蘇撫遺缺放發蘭堂

十六日陰雨 傍晚 寅初入直辰正三刻散直國具杓臣英新授廣西臬

司來見午後到樞署 王莘仲寓少坐洪又陵來晤

十七日午前雨 午後陰 丑正二刻入直辰初三刻散直午後奠嵩受之胞嫂到

樾署安吉立來 仍請許濂川為内子復診咳嗽已減虛熱如前易

方送進功效甚遲殊為焦慮接毓兒自滬來書已於初五日

平安抵滬藉慰馳系

十八日晴 寅初入直 養心殿召對二刻許辰正三刻散直訪樸溪

中府奇慎齋臣來見曾任紹興府人頗明白溫厚午後到户

部訪惲蔚庭新居作半日談 順詣竹閣學劻剛竹宗遊

十九日晴 寅初入直辰初三刻散直若笙來便飯久談到樾

署巴蘭德来

二十日晴 寅初入直卯正三刻散直午後到總署手談 誠民仲韜書

二十一日晴 夜雷雨 寅初入直辰初二刻散直午後到戶部頌閣來夜談

二十二日晴 寅初入直辰正散直午後偕毛旭翁夏伯音公餞崇受

之肫捜到總署 林椿来

二十三日晴 夜大雨 丑正二刻入直辰正一刻散直廿阜山泰来晤久談時由

濱藩8呂歸新授伊犁參贊也午後到總署

二十四日霽 寅初入直卯正散直午後到戶部總署

二十五日晴　寅初入直辰正二刻散直瓊州鎮彭子衡玉名濤道於香港情形極熟
劉蘭洲瓛先後來辭行均久談　樓仲和陸元十四日函寄江毓和兒
於十二日安抵杭垣一路未發痰疾殊為可慰　銘兒金孫兩櫬暫停南山翠山積莊

二十六日晴　寅初入直辰初散直午後到總署　凱陽穗來

二十七日晴　寅初入直卯正散直許濟川來為兩子復診用去濕養陰
二劇稍稍見效矣午後到戶部總署黃保如自天津來

二十八日晴　寅初入直　召對養心殿二刻許　慈顏日見舒泰矣

巳初二刻先散赴庫收江西餉十萬三千餘兩放伊犁壽餉二十四萬四千餘兩未正回寓小憩傍晚芝岑來久談 雪岩寄到新鮮菘菜色稍變而味尚不惡分餉弟郎及佩師蘭孫秋坪兩同年均以為得未曾有 昨散直遇汪子常大令談及現合大內膏丹獨少天生磺三兩備覓不可得記得前在湘中時永州鎮張保扶元和劑任曾送數兩歸檢藥籠封識如故即送交子常藉進

二十九日 午後陣雨 丑正二刻入直卯正二刻散直答左子異世兄孝同晤午後到總署 巴蘭德來 接毓兒十八日安報 後半夜西北慧星見在東北

六月初一日晴 寅初入直辰正二刻散直午後到總署 手擬户部
籌備伊犁償款餉奏稿
初二日晴 寅初入直 召對養心殿將二刻巳初散直午後到户部
總署 威妥瑪來
初三日晴 寅初入直辰初二刻散直午後出城看仲恬奠白蘭岩
訪若笙談酉初歸
初四日陰 寅初入直卯正一刻散直午後到總署 夜雨
初五日傍晚大雨 寅初入直辰初二刻散直旭人來辭行 以歸併濟平

之説惋商々午後到户部捴署（安吉立来）内子通訃告驚悉次園
於四月二十日病殁羊城三十載同年至好誼均骨肉從同盡耗
傳感曷勝并知情卿近亦作古（在粤東）舊雨彫零々良堪悼歎
初六日晴 丑正二刻入直辰正二刻散直午後到捴署（阿思德来）
初七日晴 寅初入直卯正一刻散直午後出城送旭人行未值羊年
康吾拜范毓峰世兄（之姪）百詩 悟 趙又銘之孫世兄 詒書 號香
圃以郎中分部到京来見贈復初齋文集一册
初八日晴 寅初入直辰初二刻散直午後到捴署（巴蘭德来）

初九日晴 寅初入直辰正二刻散直午後到户部總署頌閣来夜談

初十日晴 丑正二刻入直辰初三刻先散赴庫收江蘇等處餉十四萬六千餘兩放廂紅等旗米折等銀九萬四千餘兩午正歸

十一日晴 寅初入直辰初散直午後到總署龔藹人處訪易圖起服到京来晤久談農曹舊侶一别二十年回首前游悵然昨日也

十二日晴 丑正二刻入直辰正散直午後到户部總署林椿衡峯来

於五月廿五日病歿宜興學署一官苜蓿竟志以終總角交游又弱一个近年來至閔閔焉憐憐悼視將友相繼淪喪誼同休戚殊難爲懷也

十三日晴 寅初入直 召對養心殿五刻未初散直連日因星變陳言封章迭告本日 發下共八件 寶相師訓勉萬青藜閻學院學士程祖誥皐品休致以陳寶琛指名糾劾也

十四日晴 寅初入直辰初散直午後到總署至東廠胡同一看悟帥均接芍亭書託送文定師奠分 頌閣署工右

十五日晴 寅初入直辰初三刻散直午後到戶部總署 巴蘭德來

接枕信清吟巷住屋修理鸞鸯廳計共用洋二千四百八十二元

十六日晴 寅初入直卯正三刻散直頌閣來夜設接鸞雲初冒來書，述衡峯病狀甚丕，蕭條之況不忍卒閱

十七日晴 下午陣雨 寅初入直辰初先散赴顏料庫收放物件午後到 若農來辭行久談 總署 安吉立偕其水師 總統樹排總來 昨今酷熱非常為近兩年所無

十八日晴 傍晚陣雨 丑正二刻入直卯正一刻散直午後到户部總署 安吉立來

8日 慈禧太后聖躬日見康復將報大安不勝慶幸

十九日晴 陣雨 燈後 丑正二刻入直 卯正散直 本日 8 8 皇上 詣觀德殿行
百日禮 時方寅正 仍未能隨同前往也 回寓薙髮後小憩 出
獨指
城生 杭州會館落成在虎坊橋東邊路北房屋五層後層
供奉文武二帝 午刻安位 同鄉齊集拈香 共到三十八人 設
麵席五桌茗筵 以清釐家事乞假出京作此盛舉 亦人所
難能也
二十日陰 寅初入直 召對養心殿三刻許 有鄧承修奏摺
奉 諭二十五日報太安 深欣 是日
天氣甚熱 進膳畢 一刻餘 李相備不能來 8 8 恩 先退 合 秋坪
雖蒙 8 8 恩曲加原宥 而懸悚實甚 位高速謗 夫復何言
兩人扶之始起 仍奉 8 8 諭 視其下殿後 8 8 醒心始安

巳初二刻散直申初出城送若筮行臨岐鄭重殊難爲懷偕於明年登程由通州走運河

二十一日晴 寅初入直辰初一刻散直答紹彭久談昨派管庫來訪也午後到總署答童薇翁與旭翁偕往晤談有頃

二十二日晴 寅初入直 召對養心殿三刻許巳初三刻散直午後到戶部總署

二十三日晴 寅初入直辰正散值偕蘭翁往看季高中堂晤談三日未入直有頃新授保定遵鉄府王鑑亭立清來見午後作燮卿都轉書接鎬兒初九日安報

二十四日晴 寅初入直辰初二刻散直午後到總署安吉立來換上年續

訂仍
章
二十五日晴昇間微雨　丑正入直卯刻　坤寧宮開神百日內不祭神喫肉王公以次　三十
二人不磕頭外廷一品與焉穿蟒袍補掛辰刻　出對養心殿二刻是日面時請安賀喜
禧陛喜報大安醫者薛福辰汪守正著分別加恩有
差自上年二月至今歷時將一年有半中外臣民同深禱
祝自此慈躬康豫錫福無疆天下人心為之大慰矣巳正
散直午後到戶部偏署　是日吃肉後常服不掛珠行禮補掛朝珠行礼後常服掛珠
二十六日晴　丑正入直辰初　乾清宮行禮不後即散直頌閣來談是日不推班

二十七日晴　丑正入直辰初散直午後到户部揆署看接毓兒十七日安
報知家庭之際尚屬相安近體亦好頗慰馳念　是日常服不掛珠
二十八日微雨　丑正入直卯正散直赴庫收浙江等省餉十七萬餘兩
放伊犁等處餉八萬三千餘兩　萬壽聖節補褂朝珠齋戒
二十九日晴　寅初入直　召對養心殿三刻許蘭孫授協辦固辭不
獲請旨免冠碰頭謝恩巳初散直午後到揆署威安瑪來　是日齋戒
常服掛珠
三十日晴　丑正二刻入直　皇上詣　太廟預行孟秋時享禮

乾清階下站來回班辰初一刻散直午後到户部總署凱陽德來是
齋戒日常服挂珠站班穿補挂
七月初一日晴 寅初入直卯正一刻散直出城賀蘭翁內協揆
喜順道答客晤龔藹人許筠菴巳正一刻歸是日常服
花衣第七日也百日外二十七月內朔望均常服
初二日晴夜微雨寅初入直辰正散直答竹珊奉國舅臣英恆詁亭訓
并向全小汀師相病午後到總署 妹平有長孫之喪往慰之
久談家事 瞿子玖學士鴻禨服闋到京來晤丰采非復從前矣

初三日晴 寅初入直 召對養心殿四刻巳正散直鄭玉軒同年藻如出使美日秘三國卸津海關道篆到京來晤申刻赴閣試揚廚招往便飯暢敘半日座惟嶽卿芸史梓生沈君無外客也夜陣雨頗大 左恪靖請假十日

初四日晴 寅初入直 召對養心殿將二刻巳初散直午後到戶部總署 安吉立來

初五日晴 丑正二刻入直卯正辰初散直午後到總署 阿恩德來 天氣酷熱較前月十六七尤甚

初六日晴（黎明陣雨）寅初入直辰初散直許星文來談

初七日晴（傍晚陣雨）寅初入直卯正三刻散直新選河南鹽粮道王左泉同年道源 新選山西寧武府王直臣農部守愚來見午後到戶部總署 貝德祿禧在明來

初八日晴（燈後）寅初入直卯正二刻散直侯左季翁談午後到總署 厚菴來久談冬春間一病幾殆近甫出門也

初九日晴 寅初入直卯正三刻散直錢秋舫同年保衡江蘇海運差竣到京來晤久談午後到總署

初十日晴 丑正二刻入直卯正三刻散直赴庫收湖北等省餉十八萬六千餘兩放廂黄等旗米折銀并鮑營餉共十六萬一千餘兩到户部午正二刻歸 酷熱非常幾不可耐

十一日晴 寅初入直 召對養心殿三刻許巳初二刻散直午後到總署内子服許濟川方日有起色近日熱已退盡眠食如常 今仍請濟川復診藉資調理此次病狀頗爲可慮今幸全瘳濟川之功也 有旨九月初九日 孝貞顯皇后梓宫奉移普祥峪 定東陵十七日 永遠奉安 皇上奉 慈禧

皇太后恭送

十二日 陰 丑正二刻入直 辰初二刻散直 至東嶽廟祭文質、甫灃師

將於十六日安葬也 午後到樞署

十三日 午前雨 午後霽 丑正二刻入直 辰初一刻散直 高陽赴漕抵通差竣

到京來晤久談 午刻中元祀先 新授廣東雷瓊道遺缺道冀辭

極屏 福辰 開缺雲南臨安府許桂臣廷桂先後來見

十四日 晴 寅初入直 召對養心殿將三刻 鈞兒為部積誠以到劾

部未久遽以優差又奏 面懇撤去帮總辦差使以息浮言 午

初散直午後到户部撚署

十五日雨 丑正二刻入直卯正二刻散直 觀德殿中元應集仍未能赴也午後約秋舫蔚庭便飯以阻雨不果来 亢晴日久近畿頗形旱象今日透雨可喜也

十六日晴 寅初入直 召對養心殿三刻許巳正一刻散直午後到總署蔚庭伯葵来談

十七日晴 丑正二刻入值卯初一刻散直 文宗顯皇帝忌辰詣 壽皇殿隨同行禮午後到户部撚署 甘肅西寧道

鄧厚齋承偉来見四川人生長江浙一望而知爲老吏

十八日陰微雨 寅初入直辰初二刻散直商皖来語别四川建昌道唐義生炯来見素稱結手而精神内歛大有簡重之度藉詢鹽務及地方一切情形言之甚詳

十九日晴 寅初入直辰初一刻散直午後到樞署看樣 毓兒初五書

安報

二十日晴 寅初入直 召對養心殿一刻許午後到戶部樞署

二十一日晴 丑正二刻入直卯正三刻散直答張月卿久談 左恪靖請假二十日

二十二日雨 寅初入直辰卯正散直答唐義生午後到樞署看

安吉立来

二十三日晴 寅初入直辰初二刻散直午後到户部總署廷壽峰辭行赴福建喜桂亭昌自吉林回京来晤述琿寧邊務頗悉

二十四日午前雨後霽 寅初入直卯正二刻散直未出门

二十五日午前陰傍晚大雨 丑正二刻入直辰初散直午後到總署公餞鄭玉軒星使 酉戌間大雨（至丑正始止）傾盆庭院皆滿（溢）想見四郊沾足矣

二十六日陰下午陣雨 寅初入直 召對養心殿將三刻（巳初三刻散直）午後到户部大雨之後户部兵部兩衙均成巨浸溝渠之不講如此可慨也

二十七日晴 寅初入直辰初二刻散直至軒辭行出使泰西子
授辭行 樓試宣化均久談 午後到撫署 太白晝見
二十八日晴 寅初入直 召對養心殿將三刻巳初二刻先散赴庫
收江西湖南餉十八萬五千餘兩 放吉林餉十萬兩 歸途至撫
署一轉 回寓將申正矣 昨夜西北又見彗星 不知與前見
之彗是一是二 天變迭告 可憂也 樓吳清卿書
聞曾思臣紀澤又以病殁 距
二十九日陰微雨 丑正二刻入直 卯正一刻散直 候左恪靖久談 若農 桂
符卿 儀一年 則沅翁處此行以為懷 真令人悽惋難已也
亭來值 午後張月翁來 晤傑 晚 訪小村來談

三十日陰早微雨 寅初入直辰初一刻散直午後到户部撫署

閏七月初一日陰 寅初入直召召對養心殿三刻巳初二刻散直唐義生辭行回蜀久談到撫署 慈闈微有積滯請子常診視即服其方 內子自立秋後仍每日下午作熱請濟川易方服之

初二日陰下午微雨 寅初入直辰正三刻散直出西華門送子授將授試宣化行悟設道

穀士喜國史館保告用道至長椿寺奠徐季翁其靈櫬將於明日南歸也夜雨 鈞兒赴東陵勘估工程

初三日晴 子正慈親患胸脘疼痛起侍稍平寅初忽作眩

暈歷三刻始醒未能入直請子常診視言積滯挾寒進以
疏導扶元之品午後漸臻平復
初四日晴 寅初入直辰初二刻散直午後到戶部樾署筱園由直
藩升授東撫到京來晤 請子常為慈親復診言氣分漸
舒只須調理矣
初五日晴 寅初入直 召對養心殿四刻巳正一刻散直午後到總
署筱園來晤
初六日晴 寅初入直卯正三刻散直奠英鶴卿乃兄至文定師宅

晤姊 均設午飯 到樞署 答蔚庭筱園 伯葵來 接劼剛電報 俄約於七月廿五日互換

初七日下午微雨 丑正二刻入直 辰初三刻散直 午後到戶部樞署 傍晚鈞兒自東陵歸

初八日晴 寅初入直 召對養心殿三刻許 巳初二刻散直 午後到樞署

初九日晴 寅初入直 辰正散直 奠成魏卿太夫人 午後到樞署 感安鴻來 請子常為慈親復診 昨又小有感冒也 欣岡來夜談

初十日晴 丑正二刻入直 辰初一刻先散 赴庫收湖北等省餉二

十萬七千餘兩放東四旗閏月米折及吉林鼇河菁餉二十萬
五千餘兩封庫後到戶部　未正回寓周桂午侍御蘭銘
新選貴州思南府來見與之久談
十一日午前大雨後晴　寅初入直辰正散直午後到撥署請子常為
慈親復診言感冒已清須調養矣
十二日晴　寅初入直召對養心殿一刻許辰正一刻散直午後
到撥署答晤滙東京兆百川時以蜀臬升授京尹也簽園來辭
行赴山東巡撫任晤談久之

十三日晴 寅初入直辰正一刻散直看左恪靖晤談一切畢本日請開缺

留京備顧問奉旨賞假一月調理毋庸開缺午後送筱園行到

戶部搃署 美繙譯 德樂來

十四日晴 寅初入直召對養心殿三刻巳初三刻散直未出門

十五日晴 丑正二刻入直辰初散直午後道芝齋得都饒喜到

搃署

十六日晴 寅初入直卯正三刻散直午後到戶部搃署 阿恩 德來

新授紹興府霍子方 順武來見戶部本屆京察一等也

十七日晴　寅初入直　召對養心殿將二刻巳初散直江蘇福山同知

王蘭士恩晉來見舊友月川之子也備詢其家近狀對之

惘然韓生欽堯到京考蔭曾楷（於日昭後）主事雙月格於新章

不應驗試以往銷捐職勸之午後到樞署偕旭之爲芝弇

受之伯音許君赴英俄籌館訪徐蔭之翁談

十八日陰午間微雨　寅初入直辰正散直午後到户部總署阿恩德來

十九日晴　寅初入直辰初二刻散張月卿來晤前日放蜀臬

也午後到樞署

二十日晴 寅初入直辰正三刻散直龔藹人放粵東臬來晤久談 致彥侍書托蔡輔臣庶常帶去

二十一日晴 寅初入直辰初散直午後到戶部總署林椿來 接玉階閩七夕書 夜微雨

二十二日陰 寅初入直辰初三刻散直午後赴緞疋庫收放黃緞到總署

二十三日晴 丑正二刻入直辰初三刻散直午後到總署巴蘭德來互換德國續修條約 復玉階書 接常星階信述及李仲

雲世丈於七月七日無疾而終世家夙望論文最洽饕悍深之
樞直偶暇蘭翁述織錦酒令數則才人之筆足供談助。魁星 頂鰲
云憑將彩筆千牛斗未許空梁落燕泥。小狗 洗衣 云底多隔花
空吠影縱然帶水不沾泥 被番劾 壓有幕客新。文 端节天熱 廟 云赤
帝驕人重五日秦王去我二千年。店小二 臭大姐 云呼得琵琶巴㕘
酒客輸嬌他蝴蝶與香奴。樓居 秦白 云居臨柳色含愁地吟到梅
花欲笑時。紅傘 乞丐 云華林蓋影花光艷吳市簫吹菜色
寒。渡船 雞片 云聲聞欸乃人三兩味比王餘日一雙。禁鴉片煙 夜壺

云大力盡防天下口快心先斬月支頭。琦善赴廣東查办夷務
留　贊云
斯人何足知邊事　此物真麟楨少年。懷吾限今入二字云
今年梅子酸尤甚入月桃花信不来以上數則皆可記也
二十四日晴　寅初入直卯正二刻散直午後到戶部總署　天氣驟涼
二十五日晴　寅初入直　召對養心殿四刻午初散直王朗青来晤
論蘆溝橋以上鑿石築壩情形恪靖魁期試办殊不解其
所以然也　換單袍褂
二十六日晴　寅初入直巳初一刻散直直隸候補直牧鄒岱東　振岳

来見邵左相調派河工離直現在辭差回省也午後到總署

二十七日晴　寅初入直辰初三刻散直午後到户部總署

二十八日晴　寅初入直　召對養心殿四刻巳初三刻先散赴庫收粤海關等處餉七萬三千餘兩放鮑營餉二十一萬八千餘兩未初回寓

二十九日陰微雨　寅初入直辰正散直送寶玉堂世文行訪廖蓉道張月翁放蜀臬喜晤午後到總署

八月初一日晴　寅初入直　召對養心殿四刻許午初散直到總署

答壽桂亭晤　接葛亭書

初二日晴　丑正二刻入直辰初散直午后到户部出城拜龚蔼人懽

子玖并顺道答客归途访蔚庭久谈新选温州府廖修明

来见四川辛亥同年也

初三日晴 辰初雨　寅初入直辰正二刻散直午后到总署归途诣毛煦翁谈

精舍设为开爱

初四日晴　寅初入直　召对养心殿将三刻巳初二刻散直午后到总署

美使安吉立

辞行回国

初五日晴　寅初入直巳初散直赴内阁阅画会奏稿以孝贞显皇后定于禧圣南经

九月初五日奉移〇〇昔祥峪〇〇定東陵永遠奉安
大安起居尚未如常〇〇皇上遠違侍養恩厘〇〇懿親系廷臣擬合詞
籲請援康熙二年〇〇成憲停止恭送也午後到戶部總署
初六日晴 寅初入直辰正一刻散直午後到總署卯至美館送安吉
立行申刻仍月卿謁人兩處訪便飯一係湖北舊雨一係滇
司同事暢叙甚適不僅話別已也
初七日晴 寅初入直辰初二刻散直午後出城拜客晤杞山小雲談
俊星東 敬 卸粵海監督任回京來見
初八日晴 寅初入直辰初一刻散直偕蘭翁往候左恪靖晤談一切言假

滿仍須請開缺也午後到總署赫德論重訂寶星章程

初九日陰 寅初入直合詞籲請疏上 召對三刻養心殿 蒙 俯允所請有

旨宣示中外巳正三刻散直午後到總署

初十日晴 丑正二刻入直辰初三刻散直赴庫收湖北餉籌七萬六千餘兩

放交進及米折籌銀十五萬餘兩封庫後到户部 張月翁

辭行赴蜀臬任

十一日晴 寅初入直辰初二刻先散赴顏料庫收放物件午正回寓

小憩到總署

十二日陰雨微　寅初入直巳初散直午後到總署　咸安瑪信香港

總署燕集斯來

又凱陽德來　天氣驟涼

十三日陰雨微　寅初入直　召對養心殿四刻許巳正二刻散直午後到

戶部總署　玉階星階均來京候簡朗軒調湘撫省三升湘藩

十四日陰　寅初入直巳初三刻散直料理節務

中秋節陰　丑正二刻入直辰初散直詣各師內外賀節午刻祀先

十六日晴　寅初入直卯正三刻散直午後到總署　隨卿　若拜英

總署燕集斯頗提琛筆意在調停而事甚了了也

十七日晴 寅初入直 召對養心殿聆二刻巳初一刻散直午後到
户部總署桂亭来晤
十八日晴 丑正二刻入直卯正三刻散直下午到總署
十九日晴 寅初入直巳初一刻散直午後到户部出城约同鄭少藍至
廣道園勘視應修各工順訪汴生未值 壽孫生
二十日晴 寅初入直辰正一刻散直午後到總署
二十一日陰微雨 寅初入直辰正二刻散午後到總署
二十二日晴 寅初入直 召對養心殿二刻許巳初二刻散直午後

到戶部 西城荅客晤馮仲芷許星丈均久談 本日有停勾
8懸旨 換綿袍褂
二十三日晴 丑正二刻入直辰正散直赴庫收江蘇等省餉六萬
七千餘兩放神機營等餉十二萬三千百餘兩午下到總署
換染暖帽
二十四日晴 寅正初入直 召對養心殿三刻巳正一刻散直午後到總署
奉旨溫旨
日斯巴尼亞公使
羅德理來見 曾沅翁因病開缺文卿升甘督俊臣升浙撫
二十五日晴 寅初入直辰初二刻散直午後到戶部總署
二十六日晴 丑正二刻入直辰初散直荅拜錫席卿 午後到總署

巴蜀德来　昨晚次典寓中不戒於火踉蹌而出舉家僅以身免亦大阨

也　换月白绒领

二十七日晴　寅初入直辰初二刻散直候左恪靖談午後到户部出

城看次典受火傷頗重幸在肌膚尚不致為大患想當時

亦間不容髮矣噫險矣哉

二十八日晴　寅初入直　召對養心殿將四刻巳正二刻散直午後到總署

訪李少荃傅相未值本日以乃陵差入覲也丁仙譜鶴年授

四川重慶府来見　梅小巖同年放河東總督閻授兵右

全小汀師相以大學士致仕
二十九日晴 寅初入直 召對養心殿一刻許巳正二刻散直李中
堂來晤午後到總署申刻佩蘅師相招陪李中堂主客便飯
三人叙談甚適回寓已戌正矣
三十日陰 寅初入直卯正三刻散直師伯駿給諫長灼呂鶴蓀世兄
偕武 諸又騰先後來晤午後到總署 阿懇德來 次典竟於昨日戌
刻因傷身故匝命 鈞兒往視其喪知其家計蕭然落
拓半生作此結局可哀也

九月初一日晴　寅初入直巳初一刻散直梅小岩同年来悟桂亭来辭行赴

庫倫午後到户部出城哭次典并慰高也

初二日晴　寅初入直　召對養心殿將四刻巳正二刻散直厚峯請喫肉

與鍾辉泉同座午正回寓上供　先光禄八十三歲誕辰也即赴總

署公請李中堂并會商洋藥加釐事申正歸午前未能小

睡頗覺憊矣

初三日晴　寅初入直辰初一刻散直午後到總署赫德來　厚峯燮

臣先後來談　換貂冠黑絨領珠皮褂

初四日晴（丑刻大霧巳初收散） 丑正二刻入直辰初二刻散直赴庫收圜海圜餉五萬餘兩放

廂紅等旗餉八萬餘兩午初回寓小憩到樞署羅惇理來

初五日晴 寅初入直 召對養心殿三刻許巳正二刻散直鮑春霆超由樂

亭凱撤勇予假黎蓴齋 庶昌奉使日本歸到京來晤午後

道頌閣丹侍郎喜送壽桂亭行 順道會晤

初六日晴 寅初入直 召對養心殿三刻巳正三刻散直午後到樞署

何天爵來 子常來談 左恪靖授兩江總督

初七日晴 丑正二刻入直辰初三刻散直詣觀德殿行遷奠禮道恪

石竹齋

晴。喜李中堂來辭行，深談久之。申初到總署，送李中堂行。

初八日晴。丑正二刻入直，卯正三刻散直，午後到戶部、總署，蔚庭來談。

初九日晴。是日孝貞顯皇后梓宮奉移普祥峪定東陵，永遠奉安。子正二刻入直，寅初三刻散直，出東直門，至大橋迤東隨班跪送。感舉哀追憶慈徽，攀戀莫及，不自知其涕之何從也。回寓小憩，下午至總署。恭邸、寶相等送梓宮出京。

初十日晴。寅初入直，巳初二刻散直，午後到戶部，出城，道小岩、敖河偕喜會瞿子玖、師伯駿看高迆，酉初回寓。

十一日晴（黎明大霧） 寅初入直 召對養心殿二刻巳初一刻散直 新選湖北鹽道武岐東震來見 午後祝飛千五十壽 到總署 赫德來

十二日晴 寅初入直 召對養心殿一刻許 巳初一刻散直 鮑春霆來辭行 午後到總署 即赴美館答拜何天爵 歸途答諸又滕鄭小浮汪子常均未值

十三日晴（黎明大霧） 寅初入直 卯正二刻散直 新授蒲州府博文甫啓來見 午後到戶部總署

十四日晴 寅初入直 辰初散直 出神武門答拜敬小山同年 岐子惠將軍

元歸途謁全小汀師相晤談時以大學士予告也新放湖南學政曹竹銘
修撰鴻勳來拜詢及湘中大政據實告之燈下作疏兒書樸羊
皮冠白袖頭
十五日晴寅初入直辰初散直午後到總署竟日大風夜半始息
十六日晴寅初入直召對養心殿一刻許巳初二刻散直赴庫收江海關
籌處餉十六萬四千餘兩放五營兵餉籌項九萬五千餘兩未正始
赴庫回寓已甚憊矣
十七日晴本日卯刻孝貞顯皇后永遠奉安寅初入直卯正三刻散

直鄭小岑同年來晤午後送鮑春霆行謁沈師母并見世兄到
總署 換海龍冠皮領灰鼠袍褂
十六日晴 寅初入直辰初二刻散直午後到戶部總署
十七日晴 寅初入直 召對養心殿二刻巳初三刻散直何衡甫世兄政祥行七
以同知分發湖北到京來晤氣宇甚好人亦明白可喜也午後出城
答客歸途至蔚庭處少坐主人他出留字致之送馨吾喜儀也
二十日 恭邸寶相回京 寅初入直 召對養心殿二刻許巳正二刻散直詣恭邸商侯新
授順慶府 苗穎章來見梅小岩同年辭行赴東河任久談

小憩片時至總署

二十一日晴 寅初入直卯正散直天尚未明至兵部報房少坐午後到

戶部揔署 蜀人姜竣田省過此一談

二十二日晴 寅初入直辰初散直午後訪左恪靖久談求書紅蝠山房匾

額到揔署 孝貞顯皇后神牌升祔 太廟 恭邸謂軍機例

不陪祀均遂未到班

二十三日陰 寅初入直辰初一刻散直赴顏料庫收山西平鐵十萬斤

道佩蘅師相壽 世兄以五品京堂候補 午正回寓 升祔禮成頒詔有

級‥覃恩封典 接五階初五日信

二十四日晴 寅初入直辰正一刻散直午後到戶部總署

二十五日陰午前微雨 寅初入直 召對養心殿一刻許午正一刻散直後

五階書

二十六日陰雨 寅初入直巳初一刻散直午後到總署 比使諾丹高來

二十七日午前雨後晴 寅初入直辰正三刻散直午後到戶部總署 頌閣來夜

談 換洋灰鼠袍褂小毛冠

二十八日晴 寅初入直 召對養心殿二刻許 工部保獎襄辦典禮司員

時慶鈞當差五月尚無遺誤之處附片聲明該員不敢仰邀議敘臣等亦
未便列保云云見面時蒙諭知道了旨禧聖曲加原諒不允所請
蘭孫相約未入直是日希卿寶以議敘請以從優議敘請均未蒙命允並諭雖
不必優亦該有一優獎勵遂奉賞給四品頂戴之命無可再辭
當即碰頭謝恩並陳微臣不滿人意之故聖明洞鑒恩眷優加感激涕零不知所報矣巳初
二刻散直午後看堂受之病少坐到總署　接振軒譯生公函並虔侍書
均論粵東交代事　蕭杞山放廣州遺缺府
二十九日晴　寅初入直　召對養心殿二刻巳正散直午後到總署

三十日晴　寅初入直　皇上詣　太廟預行孟冬時享禮　乾清门階下跪

來回班（補褂掛珠）辰正散直　杞山來晤　以曾直軍機　執弟子禮　固辭之

午後到總署　鄧湧德來

十月朔日晴　寅初入直　卯正二刻　坤寧宮吃肉（共三十二人）辰正三刻散直　午

後到户部　歸途訪延旭之昆仲　正在修造　周歷一看　結構頗好

初二日晴　寅初入直　辰初三刻先散　赴庫收山東等省餉十八萬二千餘

兩　放鑲白等旗及伊犁餉　共十六萬七千餘兩　午正回寓　行孟冬

祀先禮　申初至總署　餞黎蓴齋觀察（庶昌）　時出使日本

也接俊臣書寄到8武英殿袖珍板叢書全部並會安葉菜六舫

初三日晴　寅初入直巳初三刻散直欲小尙同年辭行赴熱河都統任鎮

青世兄升直藩到京先後晤談到摠署

初四日晴　寅初入直辰初散直午後到戶部摠署左子異世兄來見以

料理出京見詢一切也

初五日晴　寅初入直辰初一刻散直曹次謙到京來見午後出城至廣

慧寺為次典題主歸途拜客　樸白由風樹毛

初六日陰微　寅初入直　召對四刻巳正三刻散直朱樾勍觀察明亮自福

建到京来見其伉爽猶如故也下午到樞署 左恪靖銷假

初七日晴寅初入直候天明散直偕蘭孫秋坪往祝左恪靖七旬正壽午後到戶部樞署

初八日晴寅初入直候天明散直傅哲生同年来谈到樞署 赴銀庫收江浙解到緞綢等件

初九日前陰後晴 寅初入直候天明散直何衡甫世兄来談午後到樞署即隨邸答拜俄使布策 左恪靖来久談

初十日午前陰後霽 丑正二刻入直 慈禧皇太后萬壽 辰初〇〇慈寧宮行禮 蟒袍補褂 不設儀仗 樂設而不作 是日不推班〇 皇上在養心殿行禮 辰正散直王朗青来晤午後到戶部

十一日晴　寅初入直候天明散直午刻到樞署郎赴左駱靖柏集樞垣

駕部譯署諸同人話别共十二人設兩席情誼殷殷竟日歡叙

十二日晴　寅初入直候天明散直午後到樞署公餞左侯猶向例也

十三日晴　寅初入直辰初二刻散直午正至蘭翁小寓少坐同赴紹彭

處樞垣駕部秋坪病譯署諸同人公餞左侯也在座者為佩蘅師相蘭

孫協揆旭初尚書芝菴繩庵受之筠菴雲舫頌閣四侍郎并余

與紹彭大司馬共十一人主夏伯音侍郎因病未到左侯酒興甚豪

席散已微醺矣

十四日晴 寅初入直 召對養心殿四刻許巳正二刻散直午正到總署
俄使布策來 靈卿爲夫拜文星岩得協揆 左恪靖請訓請省墓假兩
月
十五日晴 寅初入直 召對將三刻巳正二刻散直午正到戶部總署 和使費果
遜來 佁彭來晤昨新調吏尚也
十六日晴 寅初入直巳初二刻散直巴陵方蕺倜觀察承壬來見午
後至東廠胡同訪沈世兄病視之已愈矣順道拜客在芝峯處
少坐到總署

十七日晴 寅初入直辰初二刻散直偕蘭蓀送左恪靖行話别依依情誼甚摯 劉省卿太守本鑑由京來見 甯鄉克菴太僕之哲嗣也 午後東北城拜客在受之處少坐 子常來晤談

十八日陰微雪 寅初入直召對三刻巳初散直午後到戶部總署 穀士放浙江糧道 換本色貂冠

十九日陰 寅初入直辰初一刻散直 穀士來晤談一切午後到總署

二十日晴 寅初入直辰初二刻散直何衡甫世兄來辭行午後到戶部總署 夜演禮撲樽改祝同人頗盡歡

二十一日晴 寅初入直辰初二刻散直詣恭邸謝步午後到總署 布策來

五十二歲生辰概不舉動內客麵席一棹外客麵席二棹國服期內
諸從簡約也
二十二日晴 寅初入直辰初一刻散直午後詣肅邸謝步道赫總稅
務司德蒙□賞頭品頂戴嘉其購辦快碰兵船出力由李爵相
奏獎也到搭署 費果孫來 李洪斌由湘來京
二十三日陰 寅初入直辰初二刻散直赴庫收江西等省餉十萬九千餘
兩放神機營黑龍江吉林等處餉三十萬九千餘兩未初二刻回
寓天氣驟寒亦甚適意矣 內子舊疾未瘳又患感冒 病勢糾纏殊為焦慮

二十四日晴　寅初入直辰正三刻散直午後到署從署　燮臣同年來晤

二十五日晴　寅初入直　召對二刻許巳正二刻散直鎮青辭行赴直藩任午後到總署　請許滌川比部廣内子診視言脉氣似較前稍好外感未清先擬清解服藥一劑後再候消息

二十六日晴　寅初入直辰初三刻散直午刻到户部出城拜客晤楊雪漁太史文瑩問朱世兄病見肯夫夫人其病狀與伯文酷似殊可慮也今日寒氣凜冽似去年所未有

二十七日晴　寅初入直候天明散直午後同佩蘅師相病久設順道答客

到總署（筱棠）周肖塘同年振閿到京頗佳宜荊試館往候之談及衡峯秉鐸宜邑尚為之歎息不止也 恭邸送觀音普濟丹（言治歸科神效也）

二十八日晴 寅初入直 召對二刻許 巳正二刻散直 午後到總署看何天爵 本日請安奉懿旨 筱棠仍在總理衙門行走

二十九日晴 寅初入直 辰正一刻散直 新授永平府福益三（謹）來見 江華令劉華邨先汝 午後到戶部 西城拜客 道穀士嘉悟編臣奠杜世煛 歸途至蔚庭處少坐 新自舊簾子胡同移居兵部窪中街也

十月朔日晴 寅初入直 候天明散直 崇文山將軍（倚）自熱河到京

来晤论兵米围场两事言皆有物朱懋勋刘省卿来见午后答

夔臣谈到总署下午行冬至祀先礼是日適贾次鱼山西例贡也敬以荐之

初二日晴 寅初入直辰初二刻散直答崇文山未值答倚哲生晤谈赴颜

料库收山西耳例铁二十四万余斤未初回寓杞山辞行赴广东

坐谈久之午膳已未正二刻矣

初三日晴 寅初入直候天明散直新选河南确山县刘西樵棫来见人

颇朴实湖南癸酉举人也午后到户部总署柏百福来申刻赴毛旭

翁招作消寒第一集在座麟芝庵揆理尚夏伯音崇受之徐颂

阁〻侍郎周筱棠京兆共七人饌甚精美盡歡而散

初四日晴 寅初入直 召對二刻許已正一刻散直回寓小憩片時午正到總署筱棠到任印留同便飯燈後延穆自世兄来談 仲樓楫石泉方伯書

初五日晴 寅初入直辰正二刻散直趙世兄執詒張書世兄書田先後来見蔚庭来留便飯穀士来辭行商仍峩卿芸史偕往

初六日晴 寅初入直辰正一刻散直午後到户部總署 寶 海 定 来 芸史 峩卿就商行止議峩卿偕穀士南行

初七日晴 寅初入直辰正二刻散直湖南綸員吳正衡来見午後出

石竹齋

朝陽门莫俊星東夫人到總署阿恩德來

初九日晴 寅初入直辰初三刻散直午後到户部總署 子常來談

初十日晴 寅初入直辰初三刻散直午後到總署晚餞赴寂似裳鄉緝

臣 大高殿祈雪

初十一日晴 寅初入直召對將三刻巳初二刻先散赴庫收江西籌省餉二十三萬八千餘兩放米折籌銀八萬二千餘兩回寓巳正二刻矣

接俊臣書時將申酉赴浙処 賞大卷八匹緞袍褂料各一疋代皮張

十二日晴 寅初入直辰初二刻散直朱樾勛來晤午後到總署盛安

張復俊臣書　朱北園姑丈自奉天來未值（名克楞由永德縣到京引見）
來
十二日晴　寅初入直辰正一刻散直午後到戶部總署
十三日晴　寅初入直候天明散直午後出城答朱北園姑丈晤不見（看雪莊祥之長婿）
姊母今年八十二歲
將二十年矣　黃莫趙寅臣尊慈訪張仲權未值子涵亦他出見
修伯夫人少坐申正回寓
十四日晴　寅初入直　召對三刻許巳正二刻散直訪授陝西臬司葉
冠卿伯英到京來見又見江西南昌府同知崔笠第春（國榜官馨彥）
素好人亦書味盎然周少鶴到京起病晤談久之未刻到總署

十五日晴 寅初入直辰正散直見客三起午後慰紹彭家室殁

断弦也到户部總署

十六日晴 寅初入直辰正一刻散直張香濤昨簡山西巡撫來晤久

談継述堂倉帥来論八旗領米積弊午後到總署

十七日微陰 寅初入直辰初二刻散直午後酬朱比園姑丈及

周少鶴刺史 下午陰甚頗有雪意大風忽起入夜又星月皎然矣

十八日晴 寅初入直候天明散直小雲来談并述所聞午後到户部

總署 大高殿二次祈雪 鈞兒隨師継瞻少宰赴[illegible]東陵勘工

十九日晴 寅初入直 召對二刻許巳正一刻散直午後到樞署歸途
候頌閣出示北宋搨聖教序九成宮兩帖皆商城師相家藏
物也敬觀一過彌覺可珍 接子祥書 賞鹿肉
二十日晴 寅初入直辰初一刻散直 明日爲恭邸五旬正壽今午招飲
設席鑑園後軒正臨十剎海佳境也樞垣譯署諸同人外有文星岩協揆奎星齋
少宰并董韞卿師主客十二人盡歡竟日
二十一日晴 寅初入直巳初散直視恭邸壽順道答召丙之午後
到之卿樞署 何天爵來

二十二日晴　寅初入直辰初散直朱樾勳辭行回寓午後到總署即赴英德法三館　國服期年內訂明彼此不賀年稍覺落寞藉此以將意也荅李雨農晤談保衛卿相邀往商續假摺氣分微弱擬俟新正銷假矣

二十三日晴　寅初入直辰初一刻散直午後到總署即赴美比和日館歸途奠廣紹彭夫人

二十四日晴　寅初入直辰初三刻散直見客二起午後到戶部出城答拜看益高也少坐而歸　鈞兒自88東陵回京　賞雞一對

二十五日晴　寅初入直　召對三刻許　午初散直　未刻到樞署　酉赴

日本館同人在受之處會齊　接菊亭書

二十六日晴　寅初入直　辰正二刻散直　午後到總署　威安陽來

二十七日晴　寅初入直　辰正散直　張子盛調補萬全赴任來晤　又

見客三起　午後到戶部　總署

二十八日晴　寅初入直　辰初散直　葉冠卿辭行赴陝臬任　又見客一起

午後送崇文山行　順道會客　至伯蔡處少坐　到總署

二十九日晴　寅初入直　辰初散直　赴庫收安徽等省餉十六萬七千餘

兩放西四旗恩賞一月錢粮十五萬五千餘兩 未初回寓 伯葵来晤

蘇州織造立山辭行回任 棠水魚水辭

三十日晴 寅初入直 召對將五刻 午初二刻散直 下午到總署 厚葊

来晤

十二月朔日晴 寅初入直 辰初一刻散直 午後到總署

初二日晴 寅初入直 巳初散直 戶部京察滿漢實缺人員過堂 未

初竣事 夜微雪

初三日晴 寅初入直 黎明偕內務府大臣步軍統領及十處赴寧壽宮

查勘遺失屋面銅練情形辰正散直户部候補人员過堂

午正初發事回寓小憩到總署

初四日晴 寅初入直辰初三刻散直文華甫惠新授吉南贛寧道

戴仲泉霖祥新授慶遠府先後来見到總署

初五日晴 寅初入直卯正散直○○穆宗忌辰诣○○壽皇殿隨同行禮

午後到總署赴俄館會晤到户部拆封滿一等十四员欽勤精 欽○

松安○恆齡○裕溥○继良○福趾○鳳山○衡峻 漢一等五

○良培○福通 原額十一员此次缺額一员

员○李希蓮○李德洵○光炘○徐承煜

员○黄兆檀 原額六员此次缺額一员 新授閩藩沈[illegible]達

保請來見較之戊寅初見時鋒棱大減矣

初六日晴　寅初入直辰初散直師伯駿給諫來晤午後到梧署咸安瑪來

初七日晴　寅初入直辰初一刻散直午後到戶部文定師本日安葬之期在廣慧寺佩經敬詣行禮順道會客晤徐蔭衡壽設燈晚芸史樣生邀赴福泉小酌蔚庭伯葵在座盡十八年未嘗此味矣

初八日晴　寅初入直召對將五刻午初散直丁仙譜辭行赴四川未刻到梧署晚受之作消寒第二集

初九日陰 寅初入直辰初散直出城送張香濤行久談進宣武門赴顏料庫 開放鐵觔未初二刻回寓亦甚憊矣 夜得雪寸許

初十日陰 寅初入直辰初三刻散直赴庫收山東湖南餉十六萬六千餘兩收米折並交進等銀二十萬餘兩未初回寓小憩到總署 賞燕窩

十一日晴 寅初入直巳正散直鄭小濤同年來晤午後到總署 周少鶴辭行回山東

十二日晴 寅初入直辰正先散 三庫京察過堂到戶部 午後到總署見客三起 一等增慶溥顧

十三日晴　寅初入直辰正二刻散直午後到樞署何天爵來歸途拜客晤張子騰（新河）少詹鄭小亭（新河）掣簽分發江蘇試用道張蔚潘翼來見燮臣來晤　接芍亭冬月二十日書知恪靖於是日早過鄂赴湘矣

十四日晴　寅初入直　召對四刻巳初二刻散直午後到戶部樞署

十五日陰　寅初入直辰正散直午後訪姊平談求書紅蝠山房匾額苓芝來奔晤時將偕薛雲階少司寇赴江蘇查辦事件　賞藏香兩束　計四十枚

十六日晴　寅初入直辰正二刻散直鶴山自津到京來晤久談年

没到從署戚安張來　接俊臣冬月十五日書述浙省大局情形

十九日晴　寅初入直　召對將三刻蒙8恩賞穿帶膳貂褂異數也　浙江有館僂錢漕8恩旨磕頭

兌駐磕頭　午初二刻散直回寓午膳後即赴戶部從署　本日同衆8　恭邸惠贈褂統一襲

恩賞者為潘伯寅大司寇為時平大司空徐蔭軒少司馬共五人　寶秋坪大司寇由展

向例帶膳貂褂非8特賞雖親王不許穿現在除惇恭醇三邸

外祗有御前大臣伯王景額駙勵貝勒寶李兩中堂及本日蒙8賞

之五人共十三人在廷李蘭孫本年日以恭題8孝貞顯皇后神主加恩穿8賞

外省一人而已
十八日晴 寅初入直 具摺謝恩賞貂褂恩 辰正二刻散直 詣恭邸道
喜 世子載澂恩賞不入八分輔國公 午後詣恩露圃宗伯 承尊慈仙逝年百歲
矣 英公使威妥瑪邀談 仍是論洋藥釐稅事 亦迄無成議也
到總署 歲考同文館學生第一日 向例分三日考試 晚闇來夜談 賞鱘鰉魚
十九日晴 寅初入直 召對三刻許 巳正二刻散直 午後到總署 雁宾
偕同鶴山便飯 申刻赴之 清譚甚適 戌正歸 賞天壽綠
綢袍褂料三匹 大卷 帽緯一匣 錢湘吟少宰作古

二十日晴 三壇行雪 寅初入直辰正一刻散直午後到户部摺署 咸安 瑪来 手復

苟亭書 賞書喜盤糖 卯刻封印

二十一日晴 寅初入直辰正散直赴庫收浙江等省餉十萬四千餘兩

預放東四旗正月餉等十八萬七千餘兩未初封庫出摺署申刻

在寓作消寒第四集是之奔出差江蘇受之因病請假約蕙吟

同叙未客六人盡歡而散

二十二日晴 寅初入直辰正一刻散直午後出崇文门荅鶴山未值

奠錢湘吟少宰 歸途訪蔚庭晤談 [illegible]

二十三日晴 寅初入直 辰正二刻散直 午後到總署 山松屏巳刻至蘭來

亦忠鶴峯至

見鐵青魏弟梧嗣也 下午酌鶴山并邀厚菴譚叙甚適

二十四日晴 寅初入直 召對 侍三刻 巳初先散 赴庫收長蘆等處

餉十八萬三千餘兩 放吉林邊防等餉十六萬六千餘兩 回寓已未正矣

芸史摔生鮮館酌之 頌閣蔚庭伯葵均在座 許星叔丈升禮部右侍郎

二十五日晴 寅初入直 午正三刻散直 此為最晏矣 回寓小憩 料理年

節瑣務 本日封庫實存銀六百七十九萬七千餘兩 較上年少百二十萬兩 若非伊犁償款二百八十萬 慈安太后大事五六十萬 本年可至九百五四十萬矣

二十六日晴 寅初入直 召對三刻 許巳正一刻散直 午後到總署看

何天爵信其國

總兵薛斐爾來　本日　皇太后賞松茂柏悅硃紅描龍福方四字每字皆用寶

尖書可作匾額見面磕頭謝恩　諭令年　皇上不能賞

福壽字以此取吉祥之意應年景而已即日同賞者輝光日新佩師

延釐嘉祉蘭孫芳馨　遠暢秋坪澤從雲游書此以紀榮遇

二十七日晴黎明微雪　寅初入直辰正散直祝佩蘅師相壽送沈師母鶴峯師

節敬午後到戶部總署　柏百福何恩德來

二十八日晴　寅初入直辰初二刻散直濂澧先後來　清談半日年下

料量粗畢　國制期內無例賞荷包

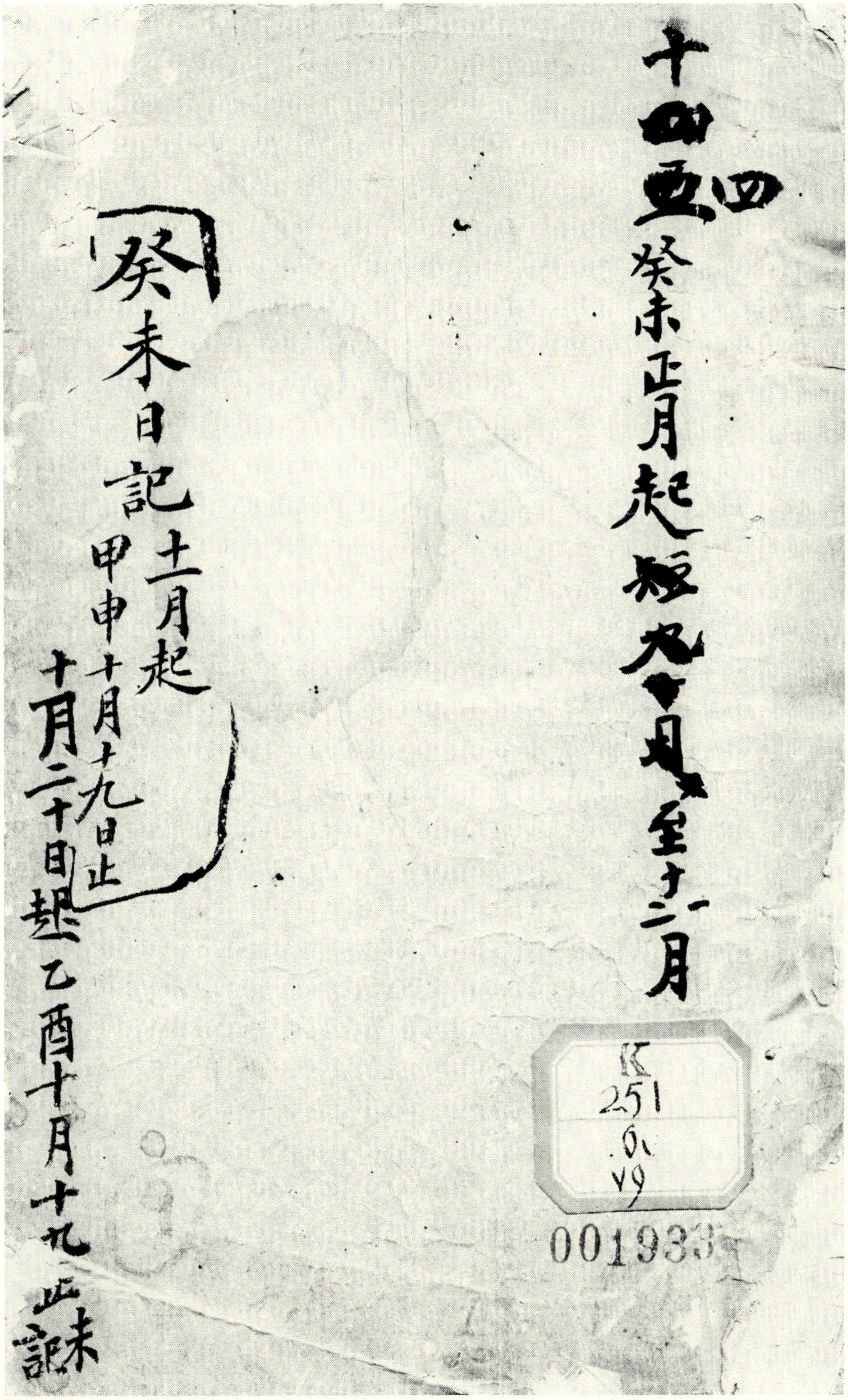
十四函四
癸未正月起短九個月至十二月
癸未日記
十一月起
甲申十月十九日止
十月二十日起乙酉十月十九止
K
251
.01
V9
001933

光緒九年癸未五十四歲　正月甲寅

元旦癸未　晴　喜入新年　慈闈康樂全眷平安人生樂境

何以逾此　夜雪寸許

初二日陰　巳初雪止右銘来辞竹子常来晤

初三日陰　天氣冱寒仍有雪意

初四日晴　受之来晤

初五日晴

初六日雪　竟日得雪二寸許　擬出城不果

初七日午後霽 巳刻雪止自昨辰起約得四五寸立春方十日亦尚有益無損也訪授帆梅劉仲良同年来晤

初八日微雪 日夜又得雪二寸許

初九日陰 夜又得雪二寸許

初十日晴 僕人黄貴接家信伊父於十二月十二日病故叔促告歸此間正在治裝又短一得力之人也

十一日晴 接蔚庭書

十二日晴 傅哲生同年来久談初次出门答客晤忠甫子常

十三日晴陰 李蘭翁來談北城吾容晤蔣秋樓若望臘月十七

日書 仁錢杭州兩會館及廣誼園事均交金忠甫樓管 上燈祀先

十四日午前晴午後陰 夜微雪

上元節陰 忠甫來談 沈仲貽延仲穆兩世兄來晤下午

十六日晴 西北城吾容謁蒂卿晤秋坪 余自告養假因蒂

卿久病未愈總未謁見現知病體漸瘳又值新年誼應

一候起居談次以余此次乞養義不可留甚至為之垂淚

厚意殷拳令人感悚無已

十七日晴　蕙吟来晤　昨有旨在總理各國事務衙門大臣上行走也　落燈祀先

十八日晴　筱棠来久談　檢點衣箱

十九日晴　出城拜客　謁見沈師母　晤沂生　季和　伯葵　芸史　子涵

二十日晴　范高也来

二十一日晴　受之来談

二十二日晴　張霽亭同年由浙江學政回京来晤　值寅丁外艱　就近拜客　晤廷旭之　敬臣昆仲

二十三日晴　盛蓉洲銓部植型新授安襄鄖荊道　来晤久談

復曾沅翁書即托子常寄
二十四日晴 荅靄亭信 伯寅至伯葵處小飲伯坤夢陶伯壽云
史華仲在座接卞頌臣書
二十五日晴 陳仲英來談
二十六日晴 王朗青辭行時奉旨發往浙江差委請假回籍也孚
菴來談
二十七日晴 继偕庭良新授寧夏府來見户部本届京
察一等也少希來久談

二十八日晴　復文卿書即托次謀寄李木齋棠受〻来談

二十九日晴　沂生約便飯午正赴〻座惟姊平主客三人清談殊適　隨園帳房全副許贈姊平　西洋房一架東鋪桌　人字房六架攏俱全

二月朔日晴早晚陰

初二日晴　陳兆文魏蘇石来訂癸酉湖南拔貢公餞日期辭〻閻象雯

沈仲昭先後来晤

初三日晴　陳元自嘉定到京接蕭杞山書入夜微雪

初四日晴　吳心穀陳夢陶来

初五日晴

初六日晴　葉挺生同年毓桐　孙授安肅道来晤馮竹芷薛梅屏先生来谈　汪子養同年以去冬病殁廣東其世兄康年繞穰卿来見年二十四人甚馴謹對之惻然　王順押第一起行李書籍字畫等箱六十件赴津托范毓峯世兄帶回杭州

初七日晴　連仲姊来　接穀似蔚庭書

初八日晴　若振遐書来寄還前在湖北借款乃郎瑞景蘇洵来見面交景蘇乙亥孝廉人甚秀挺頗有家風曹次謀来

谈燈、次偕在寓诸友福泉小酌

初九日晴　蕎秋筱棠来談

初十日晴

十一日晴　小雲来談并交茗笙正月廿六日書即復之提嘉興事

十二日晴　延旭之来談

十三日晴　郭賓實世兄名昌来悟遠堂先生之三令嗣也壬午孝廉来京會試人甚樸练詢知遠翁今年七十有七精神矍鑠兒孫科第連綿其福分正不可及　皮楚麓雲錫瑞来

見上年北榜中式今赴禮闈也 復蕭振夔書

十四日晴 庚辰庶常郭春榆曾炘汪鏡青鑒先後來見郭

卯遠堂先生之孫汪亦[illegible]妙所取士也（岳麓書院） 留陸佾鴻乃勳（嘉堂）吳頊（嘉堂）

卿邦升 吳（嘉堂）公頌雲慶祥 秦（寶山）眉聲本楨下榻寓齋明日覆試（就近進場）

十五日陰 同鄉孫耀先禮煜魏梁甫本灝來赴禮部試也（王順）

自天津回 先光祿諱日忽忽二十五周年矣思慕之情其何

能已

十六日陰（下午微雨） 萬潘紱庭年丈仁錢館春祭到二十人傳哲

生日年來晤 新奉送部引見之日旨

十七日 早微雪 下午霽 萸張霽亭夫人許星文子密小雲招飲集星

大寓齋忠甫同席敘談甚暢

十八日晴 黃松泉福楙偕其姪元甫嗣甲葉竹舟濟又張寅伯景雲

陸龍九鳳儀趙仲純君翰先後來元甫即保如哲嗣君翰為

价人乃郎均應禮部試也庚辰庶常顧香遠蓮吳同甲

來見 江蘇桃源縣許子舒之紡到京月日見來晤星文之姪

也杉緣招飲福泉 同寓諸君小

十九日晴　杭郡館春祭送六席在館公車皆與焉　李新吾經畬　劉湘士式衡　達卿式通　均計偕赴京来拜未值　新吾乃筱荃制軍之哲嗣　湘士昆仲韞齋師之文孫也　陳元押送第二起行李一百五十件由通津赴滬

二十日晴　黃彼麟仁黼来見　蘭臣之哲嗣也　送古文筆法百篇一冊　季和招飲以有生客在座辭之

二十一日晴大風　吳子英世傑　陳杏孫昌紳　黃介臣祖載　陳翔孫塈先後来晤　均仁錢同鄉公車也　錢璞如来述知蔚庭之次郎

球官以暴病物故年甫十六已嶄然見頭角矣不永其年深惋惜之

二十二日晴風　延旭之昆仲招飲午刻赴之座惟夏子蒼暢談竟日

陳倚霞段觀圻唐若蔚芝文治金蓬生麓下楊寓之齋明日補復

試　稚珊挈淩壽到京　慈闈微有不適珣子常診視即服其方

二十三日晴風　預行清明祀先禮成靜齋　畧道以公車到京來晤劉[illegible]久談

黃子梅兆桯補御史戶部郎中京察一等執弟子禮來謁辭之湘舟

李洪斌來借差到京將為照料行程也甚忠勤之意有足多者

二十四日晴　馮伯坤張翰卿先後來談下午荅李莉吾少年贈

嬰氣宇安和無些子貴介氣可羨亦可敬也

二十五日晴　孫篠春濬、詠秋焯以公車來見，均壽泉之哲嗣也。筍齋由浙江試差假滿回京來晤久談。豫樵桂□章以沅州府俸滿卓異併案引見來謁，藉悉湘中近狀。又見客之。起安曉峰維峻庚辰庶常，方芑南成周壬午覆試一等。

二十六日晴　料簡行裝將次就緒

二十七日晴　奠口吴蕙吟夫人答拜會試諸親友，在太倉館小坐

二十八日晴晨微雨　韓勉吾炳章以公車來見，桐侯到京下榻寓齋

二十九日晴 鄭少莱 曾準以公車來晤見春榆之弟也長沙涂景濤

來論湘事頗詳

三月朔日陰 潘春谷 繩和到京敝館來見李木齋文湛南先

後來談又見客二起 耆少峯 紳與鈞兒同衛门陸爾安琦

朱良甫駿 潘春生復祥均寶山公車也

初二日陰 吳炘和壽臧來晤鍾仲和到京述知毓亢兒近體甚安

又見客二起 湖南公車一人俞鴻慶 同鄉公車三人丁立誠吳

錦綬 朱本

初三日陰　李蘭翁来談　又見客四起　方勉甫　徐花農　王懷欽　穗基　劉燊庭世兄　懋訓　瞿麐生　光業　花農到京散館　王劉瞿皆會試　瞿即宗縉孽之子　以甘肅籍中式　伯桐　侯福泉小酌

初四日晴　蔣澤山學博以公車来見　海寧人

初五日晴　沈潔齋選授四川永寧道来晤　又見客二起　程伯翰公頌藩　王者香丹蘭　傍晚筱棠来談

初六日陰　佩蘅師来談　訪崇受之久坐　順候廖壽豐未值　廖壽豐旋来久談

初七日晴大風　送鄭小溥行　時將赴宣化府任　順道訪子常　均未值

初八日陰　桐侯在寓進場　劉祝三康來來見　詠如之子也

初九日晴　清晨汴生來久談　午後貴州臬司曾摯民紀鳳來晤　湘中舊識也

初十日陰風沙　馮伯伸來談　午後訪秋坪久坐　歸途答佩師

十一日陰　沈仲昭世兄來談

十二日晴　新授杭州遺缺府李伯質士彬來見　執弟子禮以曾充軍機章京（有保案）也　午後出城答客甫至輔臣處少坐　森兒

以慈親偶患氣阻着人告知當即趕緊進城至則慈體已就平復矣早间食粽子後即小睡遂至積滯進以粽子灰普洱茶薑旋即疏暢晚膳食粥碗半

傍晚筱常来談 連日牙疼今日較甚微覺畏寒

十三日陰 庚辰廉常五弟卯峴蔚来見長洲人

十四日陰大風 子常来談

十五日晴風 庚辰廉常杜雲藩慶元張育生世英来見杜貴州人湖南知縣杜理堂燮之子張四川人

十六日晴大風 早起子密来談午後出城奠萬藕舲先生便道答

拜在莊農處小坐 訪小雲未值 又全少伯托寄一函 仲和嵎叟移榻寓齋 藕翁謚文敏輓之曰易名論定 童薇翁來
十七日晴風 劉燮庭來晤 桂文圃斌乞病回京來見 曾署杭州府
午答童薇翁未值 望延敬臣昆仲考 海寧辛亥同年朱承淦來久談 同年應禮部試者止此一人矣 陳元回京
十八日晴風 早起 童薇翁來 詳詢運河程途 庚辰庶常朱桂卿福詵來見 海鹽人 陶象雯 秦石麟佩鶴先後來
十九日晴 黄翼之崇明逢辰來晤 午後出城 望考在杭州太倉館

均少出帰途答盛蓉洲久谈

二十日陰　北城拜客晤受之　厚斋　延樹南　榮仲華　樹南為辛亥同年從未傾谈此次介厚斋必欲一晤情意頗摯因其在家養病特往候之叙谈甚暢　仲華杜门謝客因平素雅意殷殷不可不一作别人本多情其惜别之意尤缠绵可感也　以紫檀樟椅壽件寄存受之處

二十一日午前微雨後陰　曾熟孚民来辞行杭州人　張子虞頌　李木齋　劉湘士昆

仲先後来晤

二十二日晴 小雲来悟提若笙處烟事少伯信来做媒也太倉王重
映峯蘊輝衡州常笛漁癸酉拔貢國望先後来 西城拜客晤吾子乾
同年同赴豫錫之招靄齋亭同席暢談竟日以書籍九箱寄存延旭之處
二十三日陰 庚辰庶常袁海颿鵬圖来見天台臨海人沈潔齋辭行赴
永寧道任文書田張少原先後来 致若笙書提小雲處烟事
二十四日晴風午後 鄭幼培兆昌遠之甫之姪楊世兄奎俊春臣来李紫侯来久坐伯
垂桐侯巽卿伯筠仲赴福泉小飲
二十五日雨 靄亭来談午後備筵詣廣慧寺祭文定師世兄服

閲世日月不居忽忽如昨日事良可慨矣

二十六日晴 仁錢同鄉棲場集陶然亭午刻赴之共六席客到三十四人主十七人 星科進場共五十八人 延旭之来 夜雨頗透

二十七日晴 成靜齋汪子常来談 作馨吾蔚庭書托璞如寄

二十八日晴大風 早起蘭如来談受之補光卿盛蓉洲辭行赴襄陽道任先後来晤 牙疼又作頗以為苦昨晚不能成寐

二十九日晴 秋坪樹南先後来談 牙痛漸平昨晚酣睡

三十日晴 訪夏伯音即以話別兩目已瞽對之惻然順道答客晤
周象雯常寓漁鄧恪丞時同寓觀音寺関帝廟
四月朔日晴 惲心耘祖祁来見湘中舊屬也言現在上海有内
河小輪船可雇用以拖帶坐船日可行三百里每日約費銀二十五兩
屬鈞兒到滬訪詢之
初二日晴 發第三起行李二百六件赴通
初三日陰 仲山到京来晤鈞兒挈其眷口出京余以請開缺養
親摺内曾聲明俟雲南報銷案結再行由籍不得不留此

少侯鈞兒須航海先歸運州春闈揭曉編船擁擠諸多不便也芸史同行王稚珊凌壽送至滬上李洪斌送至杭州

早赴 蘭翁来談

初四日午前雨後晴 辰正三刻森兒自通州回眷口均平安可慰午後子涵招飲同席有勉甫張少原汪柳門吳季卿江秉生夏厚菴皆杭州同鄉也順道答李伯質 傍晚筱棠来談

初五日陰 馮伯紳陳蓀石豫錫之先後来談湖南筆車蔣燿珪 原名升瀛 黄康祺来見葉挺生辭行赴安肅道任

初六日晴 夏厚甫敦復来談家常 午後出城拜客 晤吴心榖 汪柳門 張少原 楊雪漁 沈姊婿 作鈞兒信寄津

初七日晴 夜雨 浙江鮮餉委員儲安仁鴻勳 黃依麟 皮麓雲先後来見 傍晚受之来談 接鈞兒第一次安報 初六日午刻安平舟次寄 以衣櫃 天成 桌椅等件寄存總理衙門

初八日晴 以神堂紗窗等件寄存仁錢會館

初九日晴 孫世兄寶琦 慕韓 来 出城拜客 晤陳仲英 沈姑胥 許石卿 仲山 香和 小雲 子密 接誠民二月初九日書 知是月下旬武漢間

訛言四起居民紛紛遷徙官不能禁二十八日省中獲匪四十餘人

供稱于古腹之黨次開城大索人心思亂殊可憂也

初十日晴　張吉人來話別以手帶漢玉鐲持贈未能卻也　郭春榆

延旭之先後來談　桐侯移榻太倉館

十一日晴　蕙吟仲山少希先後來久談　接鈞兒安稟初八日津門發（是日買刻書抵津）（江陰中陳聘臣）

十二日晴　禮闈揭曉嘉定中秦佩鶴韶臣昆仲杭州中黃松泉

錢熙人甚少　桐侯即日南歸　祝鶴峯師壽北城拜客晤

志靄雲（文書田）周筱棠筱棠旋來談　易實甫、順其來久坐

十三日晴 子寀來談 何松亭崇子乾兩同年招飲未刻赴之是日杲亭善徵在座順道拜客晤傅植生許星文崇星階孫世兄韓蓉樓鈞兒初十日安報天津言王稚珊陵壽已於初九日押行李登海晏船先行矣

十四日晴 午前拜客見董韞卿師晤奎星齋文湘南午後劉蔭渠制軍來久談龍芝生湛霖服闋到京來晤子常來談

十五日晴 周蕃生鑾詒來見鄉门荔秋先後來談 接鈞兒

十四日安報天津發 言是日午刻上豐順船次早開行

十六日陰 見客七起 李伯質 李木齋 李雨蒼 林國柱 閻象雯芃

久也 瞿肇生 夜雨

十七日晴 見客六起 張翰卿 吳心穀 吳詩（試）臣 協中 歐陽中鵠 田

穗生 應達 高仲瀛 滕麟 田鳳凰廳人 癸酉拔貢 本科新

中貢士 在三廳為破天荒 高桄炯人 榜後以道員分發直隸

仲和 樵橋 阜康 將於日內南歸

傍晚 繼瞻來談 又見客二起 曾丙熙 沈仲昭 答拜劉

十八日陰 雨

蔭翁季雨蒼龍芝生

晝晴風大 劉蔭翁來談 鄧恪丞、蔡輔臣來

二十日晴 恭邸枉顧意甚拳拳 合發廣壽知府朱又樾上泮來見

朱樾功明亮之子也 頗有父風 朱子梅同年來 晤吳心穀來

面訂十三日便飯

二十一日晴 詣恭邸謝步 順道拜客 晤田繼瞻 厚菴 又見客三起

仲山胡岱青春福 延仲移 傍晚妍开來暢談知滇案尚無

出奏日期殊深焦悶 伯葵下榻寓齋

二十二日晴　江蓉舫馮雨人秦佩鶴韶臣毛世兄蘅生繩武　先後來晤

張叔和鴻禄來　無錫人廣東試用道招商局幫辦力勸航海南旋

并謂言五六月間斷無風信即使有風洋人驗風雨表可於十

二個時辰前先知亦可就近擇小島暫避船以海晏為上渠願

隨船護送以便照料等語情意殷肫誌之以備一說　一切并拆若五六七八九十等月亦不敢冒昧慫恿　付鈞兒一藏

二十三日晴　慈親八十四歲誕辰以行色匆匆概不舉動僕擬俟

以每行補祝許星丈汪柳門來談午後赴吴心穀招同席

仲山伯葵樸儒無他客也

二十四日陰風　前蘄水令徐育才兆英以道員分發湖北到京来見鄂中舊屬也受之来談　早起　慈親微覺頭暈請子常診脈言受熱後微感寒和之而安

二十五日晴　傍晚微雨　夜大風　新授福建糧道劉謹臣瑞祺来晤　陳莘伯鴻保率其弟卣甫鴻年来見均同年襄夔太守之哲嗣也

二十六日晴　成靜齋王懷欽来辭行久談竟日大風

二十七日晴　郭春榆季士周来晤

二十八日晴　張姊和来辭行回天津　出城拜客晤木齋仲山伯葵

樸儒華仲赴杭州館勉甫少嵩柳門經伯少藍季卿沖姑

諸君招柳門於席間得報放山東學政接鈞兒二十日安報滬上寄發

廿九日晴顧小山同年由熱河都統外補理尚到京來晤劉蔭

渠乞病開缺辭行有西湖之約李蘇之宗似以通判分發江蘇

來見仲京之出嗣子也江蘇生來約旦日陶然亭小叙辭之

下午送劉蔭翁行

五月初一日晴李木齋來辭行張魯生斯桂來送行又見

客二起張弼臣篤內閣中書本科新貴陳寶甫寶綸南豐同年

〻子　聘臣来　朝考一等　黄松泉汐朝元佩鶴昆仲均一等

初二日晴　曹次谋雁帅蓭装韞山均留館来見董敬甫來談

初三日晴　汪柳门黄松泉惲心耘高霞軒先後来晤

初四日晴　黄仲弢陳弼宸與閣均留館来見　陳極精明

伯葵来　接俊臣山東来書

端午節晴　傍晚陣雨　朱又樾李世侯来　〻閃雷　夜半慈親受寒食噎餅服神麯茶即好

初六日晴　張子虞来晤　本科會榜第二授庶吉士　崇明童漱霞日来

壬午
來優貢

初七日晴　崇星畡来送行　筱棠来谈及時事深堪浩歎

滇案尚無具奏日期焦悶之至

初八日晴　仲山来谈　連日慈親患氣逆急燥請子常診視即服其方

初九日晴　佩鶴韶臣仲貽来

初十日晴　董仲猷張少原来　寄鈞兒信

十一日晴　雪漁沖帥来　節伯英松年来　汴生哲嗣新授庶常

午前訪筱學受之談　接鈞兒平安電報仲良初晉
寄来知由滬至杭已通電矣
十二日晴　沅石葬親回富言將就館杭州李新吾来久坐
江西庶常伍展峯兆鰲来見庚辰殿試本年補朝考
慈親患急燥多日今早始暢行（平常病時不能復診）請陳蓮舫診視言老
年血虧宜以滋潤（養陰）為治
十三日晴　蔡漢三陳夢陶来　伯垂移寓太倉館
十四日晴　内子五十三歲生辰概不舉動諧蘭翁話別受之惲

心耘閣家電來 接鈞兒初三日安報言已於四月廿日到家大小平安可慰惟甚不以航海為然且俟抵津後再作計較 發鈞兒電信

十五日晴 早起沂生仲山伯葵忠甫來 柳門來辭行 午後詣恭邸叩辭 惜別依依情殊可感 至秋坪處久談 謁佩師未值 傍晚少帛來 請蓮舫為家慈復診言氣分稍弱改用人參阿膠養品於補氣之中畧顧陰分也

十六日晴 聘臣來 謁佩師 訪廣鋁彭均未值 候子常談濱

寄閔宜於九日過此天氣已熱宜於十九日侍奉出京即
（王順）着赴通州雇船
十七日晴 寫信與道瑞補侯璋到寓來見毛荔生汪允山來
（檢派）佃吉便覽見十九戊戌係辛卯命歲煞日不宜用改於二十二日
起程
十八日晴 佩衡師來送行約明日申刻便飯辭之不獲出城拜客
見沈師母修伯夫人晤勉甫歸途訪忠甫談下午荔秋後
寄來送行延旭之文世兄（樺亭乃郎）瑞山來

十九日晴 徐蔭翁、李蘭翁、許星文先後來送行 惠叢 黃楷林
申北運使乞病回京
舫來久坐 易笏山到京來晤 新授晉藩 申刻赴佩蘅師招 摩
芥潘梅園同席 月汀 東甫兩世兄均在座
二十日晴 張雲齋亭同年 徐季和 江蓉舫 濮子泉 吳季卿 劉
達卿 王蘭孫先後來 送行均贈 詒彭來 書值 學受之斷 經往弔之
二十一日晴 秋坪姑平 學庵 勉甫 史京沅 石忠甫 延仲 穆昆仲 米蘭手溫
陳蓮舫
及周仿芝世兄 文令先後來 請蓮舫酌定慈親暨
内子常服方 華仲彬 綠孟平 下榻寓齋

二十二日晴　仲山偕癸子匯久也伯垂均起早来送行辰正二刻
侍奉安輿起程未初三刻抵通州即上船初登輿頗波横
風亦大顛頗内子亦然上船小憩即安適如常夜睡甚安蘇撫屏通永道
山東糧道陸淡吾暨坐糧廳東路廳通州知州均迎見通州送席辭
之惟淡吾堅辭不獲自言同年而客官非地方比也繼樹
堂孫萊山均差送
二十三日晴徽陰　卯正開行不數里遇穀士赴通過船一談晚泊馬
廠是日行六十餘里

二十四日晴 寅正開行晚泊香河是日行六十餘里水淺灣多

船身較大滿江紅 連日屢有淺阻行程多滯 早間慈親受

暑氣滯下午即安

二十五日晴 寅正開行晚泊王家堡離蔡村十里是日行七十餘里

二十六日晴 寅初二刻開行 張姓和自通回津過船來晤商定

乘坐輪船各事宜時方長船正運中堂較小本日可抵津門也李

新吾回皖遂間遣人向侯約以到津再見午正過楊村下午

行抵蒲溝遇粤薌赴通過船一談晚泊趙家莊離天津三十八里

是日行一百五里

二十七日晴 寅初二刻開行巳初抵天津東门張振軒制軍暨司道以次均在韓家大门馬頭迎候登岸步至東正街紫竹林暫寓招商局 慈親甫降輿陡患霍亂吐瀉汗出如洗舉家惶懼莫可名狀急請保如診視率即平復晚間進粥半盂尚不覺十分委頓私心稍慰 運使額玉如 大順廣道劉子務者 天津道劉景韓（樹堂） 津海道周玉珊 天津府宜子望 天津縣朱光卿（乃举）均來晤 本局張妹和黄花農建笎招呼周至令人不安

接鈞兒電報已於廿五日到滬此間可發電諭知平安抵津

二十八日晴　張振翁来久談　宜子望　薛姓　雲輝　小山　高仲瀛（約明日便飯）

徐幼岩　呂鶴孫　汪蒼甫　九香　新吾先後来晤　保如来為慈（邪者前日痢旋）

親復診（言日前痢已淨）只須調和脾胃矣　發鈞兒信　慈親精神漸復

飲食起居安適可慰　下午至電報局一看（五）仲良特在局也　晚

就黃花農長閒話

二十九日　午前雷雨　午後霽　飯後出前門謝步　晤許涑文世丈（時患瘧疾）　謁呂師母在

鶴山處久坐　酉刻赴振軒約　周玉珊同席　時館吳楚公府

席設後樓斜臨運河風景頗好回寓將亥正矣 半聞傑夫

來復診

六月初一日晴 戴蓮溪 鸞翔來晤談鎩仲與身後事 高仲

瀛來與談內子病情 鶴山來夜話 接杏蓀電報知李

中堂於今晚出海晏來津 姊和本約余出海晏回滬也

夜大雷雨

初二日晴 接閱邸抄滇案於五月二十七日奏結二十九日奉8上諭

至此案牽涉景廉王文韶一節現經訊明潘英章周瑞清及

户部司員書吏均稱實無關説饋送及分用毋款情事詳覈
號商帳簿亦無潘英章等饋送之欵惟現在軍務已平該
省軍需報銷與年例報銷仍前併案辦理該尚書等未能
查出實屬疏忽且於司員孫家穆等並保列一等之員外
郎福趾得贓均無覺察亦難辭咎景廉王文韶及户部堂
官並失察書吏受贓之工部堂司各官均著查取職名交部
分別議處等因欽此謹節録誌之 周玉珊宜子望先後來談
與赫和商定準俟海晏到津乘笠南下

初三日晴　朱翼甫自上海回津來晤談平泉礦務甚悉申刻詣鶴山談即留晚膳藉以話別　接鈞兒電報聞祖母安否森兒即復之蓋已接二十八日信也

初四日晴　答翼甫久坐午後至電報局與翼甫苑曲晨仲良諸君閒話

初五日大風雨　翼甫招飲便衣赴之坐惟仲良無他客候海晏船不至肅毅移烟台旅順籌處小有勾留也時法越事正棘

初六日晴　巳刻李中堂到津極願一談而別振軒來送行午後

偕妹和、花農看海晏船坐位，舍意欲坐官艙，而妹和堅請
坐大菜間，蓋取其潔淨寬舖也。情意殷拳，勢不可却，遂定
議。保如、蕭九先後來談。
初七日晴。午前料檢一切，酉正登舟。運使、兩道、府縣暨劉子務、葛
仲瀛、朱福棠均上船送行。鵠山、翼甫、蕭九、保如、花農、伍仲良
先後到船話別。內子上船微暈，旋即平復。妹和、燕甫同船
伴送回南。
初八日陰，午間微雨。卯初開行，午初抵大沽，停輪候謁。防營將官、亦員均到船謁

見列隊候送亦遇禮也酉初乘潮出大沽口微有風小作軟浪
慈親頗不覺內子亦尚耐得住〔惟多睡耳〕隨從女僕有嘔吐者余與森
兒則行所無事也徐省才〔非英〕楊君臣吴學封戴青來均同船
彼此往還晤談頗得客中閒趣 夜半起視萱蘭睡甚安
初九日晴 卯刻微有霧即散辰刻過烟台未停巳刻過成山微風時
作蕩漾之勢午後較甚〔酉刻經黑水洋〕 慈親稍嘔安睡即平內子暈甚
幸不甚嘔惟不能起坐三嫂亦然順官稍好森兒初猶勉
支下午亦暈隨從男女僕人暈船者十居八九嘔噦之聲

不绝於耳惟余無恙侍坐 慈親達旦

卯日晴 仍微風雖無巨浪而波濤亦頗洶湧詢之船主言係昨日東

南洋有大風也辰刻過黑水洋 暈船女僕仍堅卧不能起 戌刻過之

余以淡水勢漸平始陸續起坐黎明到滬此行以運河道遠

正值炎暑諸多可慮改坐輪船實出萬不得已仰托 慈親福

蔭安穩抵岸真萬幸也

十二日晴 抵岸後鈞兒即來卯刻上坡暫寓金利源棧房松齋

侄為之預備也嘉定男女親戚暨岩文少卿卿壽早日到此

近侯并伯大嫂吴氏表妹来敘談歡敘竟日客来絡繹夜睡

已四鼓矣

十二日晴 出門答拜在部小村署少坐午刻同卿陳寶渠司馬福勳

邀便飯饌甚精美傍晚張姑和裕欽情不可卻赴之李叔吾

徐雨之潤 鄭陶齋官應 程藝甫在座席設别墅洋式花園

也地近静安寺便衣一遊試坐馬車甚適亥初席散雨之同車

道經通衢電氣燈照耀如白晝所過處雨之一一指點名色真

别有天地非人間矣

十三日晴 早間李秋吾坐馬車來約同至虹口同文書局看石印法神妙不可思議局為兩〻所誤此傳晚登舟 無錫用小輪船快拖帶亥初開行將至閔行大風稍泊

十四日微雨 寅初開行輪舟多淺阻機器亦不甚利手錶十分遲速亥正時抵嘉興黎明過石門灣

十五日雨 未正抵登雲橋輪舟至此而止山以坐船須由陸家務拔壩也毓兒來迎孟揚恆若巽卿經彝均來石銘旭人諸君亦在賀蓋此（官場有沿途迎候者）酉初進艮山水門泊萬安橋酉正侍奉到家若笙仲和

命自通籍後從宦
為家者三十年至
此乃為有家之始

諸君咸在此等候曉同人備筵洗塵并設清音相聚甚歡余
自參〇〇恩准歸養至此初願將遂以慈侍高年室人久病之起
（有身時方盛夏）卯明冒險航海平安抵里天之待余為不薄矣
廿六日晴竟日見客宦場與台祁子和藩台德曉峰臬台陳右銘
運台成竹銘嘉湖道豐雲鵬（候補道李仲梅）以次同鄉黃雲屏樊黻軒董鼓甫
許子社鄭子惠吳竹和周夢九等共二十餘起
廿七日晴仍竟日見客宦場撫台劉仲良暨副都統恭壽織造
連明候補道唐藝農盛旭人以次同鄉吳筠大全少伯樓子

通共十餘起

十八日晴 見客十餘起

十九日晴 見客五起 劉樸堂偉雲 劉伯固鴻業自湘來

二十日晴 古將軍尼音布來見 見客九起

二十一日晴 見客六起

二十二日晴 第一日出門拜客 至鍾宅 雨辰夫人因病未見 晤卜卓然及兩世兄 至周宅見琳泉夫及夢九 晤花梅生 李蘭舟 金少伯 鍾仲和 鄭經伯三昆仲 瞿邕行

二十三日未前微雨晴第二日出门拜客晤祁子和學使德曉峰方伯成竹銘都統豐雲鵬觀察及王申甫惟祁廖孟楊錢甘卿錢松士在若筌處便飯仲良中丞右銘廉訪均因病未見

二十四日晴第三日出门拜客晤右將軍恭都統連織造吳筠丈黃雲屏夏松生見姚子祥夫人并其二世兄

二十五日晴 見客三起

二十六日晴 見客三起 慈親偶患腹瀉 服藿香正氣丸旋即停止

二十七日晴 辰刻三媳產女取名引璋 見客三起
二十八日晴 見客二起
二十九日晴 穀士轉漕回省來晤又見客三起
三十日晴 朱姑懿來 接馨吾書
七月朔日晴（午後陣雨） 出門答客在糧署少坐晤徐鎔甫陸爾安廖（正甫）姊
平昆仲 至電報局晤張既耕 下午畏寒發熱自晚達
旦得汗而解
初二日雨 穀姊（畢敬姊）來晤 桐侯自嘉定來 閱申報濫保福建覆奏

一等一案奉旨照部議降二級調用不准抵銷平地波瀾
益此結束亦厚幸矣 鈞兒患溼熱水飲牽動肝氣請醫士
王崧生診之
初三日雨 穀士來談午後鈞兒肝疾大作氣動風象亟延玉崧
生診視用竹瀝黄連等重劑冀其速平焦急不能成寐看
視達旦 連日大風據人言爲十數年來所未有江水暴漲
海塘坍塌處甚多
初四日雨 右銘來談近以河南王樹汶一案部議降三級調用

亦意外事也　鈞兒服昨方後肝氣稍平病勢仍虞　早晚延崧生診視

仍看視達旦

初五日　雨　茗笙来談　鈞兒連服涼降之劑　濁邪漸從大小便下　崧生仍早晚来診　言大勢可保無虞　惟餘氣未淨　仍亟宜開解達清也

初六日　霧　子惠来談　鈞兒病情日有起色　舉家稍慰

初七日　晴　雲屏、鑾軒来问　鈞兒病仍服涼解之品　餘氣尚未淨也

初八日　晴　仲和来　鈞兒仍服崧生方

初九日雨 右銘少伯来談蔣伯新自嘉定来 鈞兒發白痦松

生云濕熱所化也

初十日雨 汪穰卿世兄来晤知新自廣東扶櫬旋里也甘卿来談

鈞兒病諸有起色心緒爲之稍紓

十一日晴 連日天氣頗凉可着夾襖今又躁熱濕蒸殊甚 鈞兒

發白痦甚透胃氣漸醒

十二日晴 曉峰方伯来談燈後右恭安五祀及土地神位於大廳左

楹安 祖先神位於右楹循杭俗也安奉畢即率兒孫

輩行中元樓祖禮

十三日晴　奠汪吾養同年，出武林门拜客，晤蔡乂臣、唐其翁，見蔣姨太〻（生甫之妾，所生兩男三女）尚能勤苦撫養，亦可敬矣。午刻祀先。晚約卓、然裕亭便飯

十四日晴　出门答客，晤許子社、金少伯、何青耜、（兆瀛）吳筠翁、（盛旭人）本日次園陰靈備筵祭之，即留午膳，若笙同席

十五日晴　何青耜、都轉、成子誠太守、邦幹來晤。午刻祀先。鈞兒嗽疾見愈，仍服崧生方

十六日晴　出门答拜悟右、銘穀、士茗、篁芷，亭見張吉人夫人，年

攸若、篁、松孫來談，伯新回吟，筱飲自吟來。

十七日午前陰，午後晴　早起偕桐侯、筱飲、嵩雲、喬梓、恆岩，挈森兒、

鎔孫至豐樂橋吃點心，出湧金門至三雅茶園小坐，乘小舟

泛湖，至錢塘門登岸而歸。自别西湖二十五年矣，兵燹後名

勝全非，而湖山如舊。重來識面，便令人有今是昨非之慨。

午刻祀先。侄伯可、惠夢九同來，約明日聽戲。接蔚庭

書。

十八日晴 豐雲鵬来晤 新署又見客一起 侯補府陳汝濟郴州人 午後至狀元街聽戲 吳竹筠丈 李蘭舟 葉春伯 黃雲屛諸君在座 作竟日敘 子正臈歸 致誠民竹筠書

十九日晴 午後出門答拜 晤羅曉岩丈 并見武卿夫人羅氏氏衰甚矣 對之惻然 至鍾宅少坐 至琳泉家 見夢九 并看花園

二十日晴 早起偕同人登吳山一遊 瞻仰趙恭毅 阮文達兩祠 在四景園小坐 下山喫王飯家常風味 頗為適口 午正歸 就澄軒閒話

二十一日雨 葉裕亭 嗒林雲閣来 為停止元成典事 明日赴嘉

夜大風雨

悠文齋

二十二日雨　鈞兒病微有波折水飲作脹小便滯澁早起請松生
診視脈疎肝利水之劑術就平復室人又患痢疾久病之軀冀其
速占勿藥竟日料量醫藥心緒殊欠安適
二十三日晴　稼軒來閱松生方嫌其太雜右銘來亦不以為然因往拜
鄭子展重請其一診即服其方（木專重利水）內子患痢如故心殊焦慮
二十四日晴　午前見客五起繼至雲鵬鄧伯祥馨吳子脩有倫王樸孫
儉宗石孫承黼石孫為蘅士之子詳詢子城家事為之黯然請子
厚（為鈞兒）復診內子亦服其方　陂幼笱書

二十五日晴 早起過雲屏談張竹樓大令 尊三来 上年閲孝廉方 正卷所取士

子痢漸止鈞兒水道亦漸暢 惟由悟来浄藥發红疹 仍請子厚復診

二十六日晴 子惠来談家常久坐内子痢已止未甚

二十七日晴 早起出門答拜悟豨軒談夢九来作椎舅蓮甫書

二十八日晴 楊蓉初鏡涵姚季眉朱元圯来作簣岩君書連日秋暑

甚於伏杭諺所謂秋老虎也子厚来復診

二十九日晴 内子鈞兒均仍服子厚方

八月朔日晴 早起看雲屏病似類中頗不輕見其甥圖功珊 鐵珊乃郎也 識

氏自漢口歸　右銘來久坐　稼軒冠之均來　向鈞兒病仍請之

夏復診　酷熱幾不可耐　入夜得陣雨稍解

初二日　晴　穀士來談　徐心伯自鄂歸來見　作蔚庭、馨吾書

初三日　晴　傍晚陣雨　何文貞師之胞侄瑞生芝齡來　悟持滇石書來　江蘇候補知縣

現在丁艱　述知師母現依以居　光景甚窘　閱之惻然　旭人　張蓮生來　天　接宗秉山君書

氣熱甚　南北氣候不同　北省無此酷暑　聞此間亦今年較甚也

初四日　晴　早起看雲屏病情形甚劇　送子和行試台州　特將按在若笙處中丞誠民

答何瑞生世兄　贈以百元　至三官巷見羅寅谷夫人　觸目傷懷　不堪回首

余小考鄉試均寓此間也　下午子和来辭行談　接裕亭花白信　元成止當已奉批矣

初五日晴　高昇雲麟来　夢九来看鈞兒病　請子厚復診

初六日晴　道洮秀眉娶次媳喜　吳筠丈李蘭舟葉春伯雲屏見招集蘭翁宅　雲屏因病未能到也　歸途往視見之閔循陔　子厚仍来復診

初七日晴　茗笙誠民来　下午偕柏侯筱飲　並挈楨兒出湧金門登湖舫約陳右銘同年一遊　至三潭印月　設行厨　晚膳　乘新月放舟毛家埠宿靈隱

初八日晴　卯刻登韜光　下山尋飛来峰諸洞　午膳後放舟游鳳林寺

草居閣繞孤山之麓至平湖秋月小坐乃歸　子夏來復診　秋暑日餘幸喉稍減

初九日晴　子惠穆軒來同侯筱飲回嗳人萬亮堂表兄自上海來　攜幼筠初四日信

初十日晴　鄭年姪女來　少石之女嫁沈氏已寡　細詢近狀對之惻然　看雲屏病甚劇可慮　右銘來辭行未值　接萬亭信　子夏來復診

十一日午前雨午後晴　右銘來話別時將僑寓長沙　又臣來談留午膳　許竹筼自嘉興來時掌教紫陽書院　下午送右銘行至福佳巷與夏松孫樓子通閒話諸昆仲

十二日晴　錢甘卿鄭經伯來與誠氏談鄭事　接潘蓮甫信

十三日晴　問雲屏病危甚　祝旭人七十壽　送穆軒行　子夏來復診　為鈞兒始用金匱腎氣丸　湯爐積水為患也

十五日晴　盛杏蓀自滬来久談　張既耕　邵貢甫来（貢甫步梅之長孫）

中秋節晴　稼軒来話別　鈞兒服溫通之劑頗覺對症　夜月色甚佳

十六日晴　仲良中丞来談　午後奠羅曉岩文　看鄭年姪女（按月助三千文）　答杏蓀

喜値子厚来復診　鈞兒服溫通方水氣大消小便甚利可慰也

十七日陰　夢九来　接台灣道劉蘭洲書

壹六齋

癸未十一月

初一日雨 子惠來久談苦雨兼旬殊覺氣悶趙德輿為內子復診言脉象頗有起色德輿自江西延請來此於十月十八日到杭

初二日陰 出城至馮瑶寺前送汪子常夫人葬與若笙同飯於多子塔院午後若笙子惠冠三子樂先後來子通服闋赴豫行抵王莊病甚危子樂子舟馳往視之因病已漸瘳本日始歸 聞胡雪岩倒賬之說早知有此不料其即在今日也

初三日晴 出門答客至若笙處少坐久雨新晴精神一爽

初四日晴 看保如松泉昆仲德曉峰方伯來談 政蔚庭書

初五日晴 奠李幼梅太夫人何[胡]雪岩嫁女賀之偕若笙同飯花園甚精緻山石尤勝惜限於地欠舒展耳 歸途至誠民處道喜乃郎赴餘杭就姻本日回家也 傍晚旭人來談

初六日晴 出望江門至海潮寺祝李蘭舟銘書八旬正壽與吳筠翁江小雲若笙少伯諸君同席寺經兵燹僧人普曉募化重修規模閎敞煥然一新亦絕大神通矣歸途答吳洽伯敬儀時[恪]我杭望族亂後不可多得也

初七日晴　挈楨兒詣毛家埠展墓自一世祖一泉公即湘三公至四世祖羽丹公均葬此以下則曾高叔祖在中公族兄朗亭經甫均附葬焉至玉泉訪老三房支墓我家爲老二房皆四世祖羽丹公後也未獲托土人緩緩尋覓即香雪叔玉泉祖一支有寺即清漣寺燬於兵火近有於湘僧結茅於此也上小築三楹可以觀魚蓋勝跡僅存也泉水清澈見底魚逐人行飼以餅餌則迎沫爭食　高廟南巡臨幸有紀事詩　御碑尚在已殘剥矣旋至東山衖謁老大房先塋即汝明族兄一支薄墓歸

初八日晴　范楣孫方伯作古弔之　孟陽來

初九日晴　接寳岩初四日信知伯文夫人等於初二日平安到家　八月廿六日

到杭十月芝午後訪若笙談看胡雪岩園閎之雄一蹶不振復
日出船回嘉
振對之頗難爲懷　子惠來談　致賓岩書
初十日晴　夢九鄭甘卿吉士來　徐心伯辭行赴鄂　午後訪夏松孫樓
至樂諸昆仲閒話　接幼箴初四日蔚庭初六日信
十一日晴　至夢九處見琳栗夫人談　高白妹來　晤唐益之　本有
自江寧來
十二日晴　姚香梅司馬光宇來談　夢九　至樂　子丹先後來商
件　接賓岩初七日信言蘇州會項事　接忠甫電報屬向雪岩解囊廣

誼園存款京足一千九百七十四兩察其情勢亦恐無如何矣楨兒赴留下省視先塋

十三日晴 沅石来晤 近就嘉興甲商廔沈協軒鹽務館 太守慶瀾辭行赴衢州鹽厘局 慎司舊吏 浙省老吏也 復寄岩尉庭書

十四日晴 劉祝三康来 以知府分發到省 詠如太守之子也 携詠如信来見 祝琳果夫人壽 即留喫麵 與李蘭舫高白姊同席

十五日晴 秋庶常張弼臣均来晤 建德人 樓伊臣十二日蘇州信為籌濟永春事 即作數行復之

十六日晴　諸香常同年咸債自江蘇来　王若農觀察加敏自金陵来　盛旭翁　吳殿臣觀察崇階先後来晤　若農為雪岩賬務奉左相命来此意欲設法保全也　同人為李蘭翁暖壽申刻赴之與小雲少伯諸君同席

十七日晴下午陰　候補通判徐篁士承燮来見　蔭軒之四令似蔣澤山學博来談藉詢書局大致

十八日晴　横河橋孟范宅陪弔　荅王若農未值　至姜石谷先生處談仲堅以畢自嘉定来

十九日陰 樊宅道喜稼軒娶媳 陸宅弔喪點青弟歸故 即在陸處午飯與茗笙、麗芸、皋丁、松生、少伯同席，早晚子惠、茗笙來談，亮堂回滬。

二十日陰向晚雨 出門答客，晤吳殿臣、孫楚卿、樓子樂，接翁姊平初二日書，情誼拳拳可感。諄諄以善自排遣，毋貽老人憂為囑。

二十一日晴 旭翁、茗笙來談，潘蓮甫、汪守安自蘇州來，夏松聲来閑話，留同晚膳。致伊臣書，滙永春款蘇漕平寶紋四千。

二十二日晴 張純生、濬萬来，晤陳歆琴自上海来，茗笙留便飯

與韻琴論億恆事晚酌蓮甫守安少渠仲堅樓蔚庭十八日信
廿三日晴偕德輿仲堅少渠克齋至城隍山閒眺在阮公祠小坐遇
陸尔韓王梓生　早起與蓮甫守安談　夜雨
二十四日雨　至業高兩處道喜（業裕亭娶弟媳　高白舟娶長媳）即在高宅吃
飯與丁松生許子社張寅伯諸君同席守安回蘇仲堅少渠
囬䁧　張洵侯毓麟來　三十年前啓蒙舊徒也因鹺務到此
二十五日陰　孟丹來晤晚為趙德輿餞行同席洵侯桐侯蓮
甫誠民孟揚巽卿　致寰山石書傍晚趙福自嘉定來接

住江西省城桂旺廠

賓岩二十日信 德興於十月十八日到杭為內子悉心診治三旬以来脾胃漸起熱勢亦減此次二十三日冬至僅連熱一日昨今已（臥床十日連熱不退）漸次如常較之霜降節大有起色矣德興請假而来未便久留請其酌定長方并隨時加減之法此後緩之調治不至無所適從也

二十六日晴 樓子樂来復賓巖信

二十七日晴 張寅伯景雲来約初二日宗文義塾冬季大課視德曉峰壽（余生辰曾蒙賜頤故答之） 答穀士孟丹并見吉人夫人 趙德興由江西

鈞兒之殁忽忽百日矣歲月如馳殊增傷悼

二十八日晴 瞿竹亭、求嘉来晤

二十九日晴 復蔚庭信 子樂昆仲、子惠、既耕先後来晤 蓮甫回吴

十二月朔日晴 黄梲生銓部濼之来晤 湖南人詹執甫鴻壽来

致幼筠書 接梁華卿信

初二日晴 宗文義塾冬季考課 即留便飯 子社、誠民均在焉

塾共六齋 每齋十人 生徒均循循有禮 背書皆亦朗朗可

聽 一切規條均極詳細 寅伯亦經理有法 洵盛舉也 接金忠

甫書屬索廣誼園存款又接蔚庭信寄到清河貞子所占家宅課頗有道着處

初三日晴 芸生次雲來商億恆年事子社來談

初四日晴微陰 早起出城至上埠領破土擬造莊房為祭掃休憩之所也治事價洋百元開門見山風景頗好地在坟親陳姐屋旁平日可資照料 唐其翁沈健葵蔣巽卿均先日往其翁為定亥巳兼壬丙向離先塋約里許酉初歸

初五日陰 早起子社約同登軒至回回館喫羊湯飯歸途看保如松泉午後少伯來談夢九黃元甫保如乃郎先後來

初六日午前陰後晴 周滌峯來晤 接伊臣書 接函丞春涯款

初七日晴 午後出門答容 晤旭人 若笙談 接右銘自長沙來書 殷殷勸慰可感也

初八日晴 道宗載之得福令郎完姻 喜東鄰也 兩辰三周年 在天長寺諷經 前往行禮 少伯 孟陽 既耕先後來 接杏孫初七日書

克齋 鮮館 田嘐 偕陸學伯同行

初九日晴 旭翁來談 接寶岩初四日信 杏蓀初五日信

初十日晴 訪穀士 答旭翁 均晤談 作寶岩書 晚飯後琳粟夫

人伯往商久大事

十一日晴 早起 訪季蘭翁談久大事候若笙未值午後蘭翁來次大事稍有眉目再致蜀岩信催會項晚飯後仍至夢九處一看接汪若卿信 時在餘干本任

十二日晴 訪若笙少伯談旭翁來晤黄裕亭來定上埠嶺陳雅屋基價弍百元房莊改建迤東路北之議 門臨大路局勢較敞 接幼笙筠初五日信

十三日晴 早間至夢九處少坐子惠冠三先後來唐益之本有辭行回金陵光景甚窘君以三十元賮之致幼笙筠書

十四日晴　周月樵大令有聲来見永州东安人在席研香營幕最

久夢九来知久大近日情形尚不甚擠

十五日晴　出门會客至夢九處少坐復梁華卿鳳苞信

十六日晴　夏厚庵来論補仁義塾事唐蔚之贊襄自湖南

来下午茗笙来商久大事再改幼筠書

十七日午前陰後晴　接幼筠初十日信裕亭来言改造莊房已於五

日巳時破土定於九日酉時上樑

十八日晴　早起至夢九處午後與防茗笙彼此往還久大事始有頭緒

許仲殘世丈鈐身自上海來談及滬市情形蕭條可慨李蘭舫
來言屋旁周姓地基事 夜小雨
十九日晴陰微雨 答許仲殘丈並夢九處 祁子和同年學使回省來晤穀士
甘卿來 童世兄壽熙自紹興來 接蓮甫寶山君信 改建莊屋
於是日酉刻上樑經籙前往行禮
二十日晴 吳仲耆來晤 送接寶岩十六十八信及本日電報言至蘇收
賑會項竟不然應手 復電囑其囘嘉燈、及孟揚來如何師毋仙
逝芷亭奉諱光景畢不可言誼難漠視也

二十一日晴　出門答晤容子和熙青喧芷亭為籌壽歸計旭翁署嘉湖
道事賀〻　接蔚庭十七日書
二十二日晴　夏厚齋來談　訪丁松生未值　晤作舟商輔仁義塾事　至
羅武卿夫人諸又滕夫人兩處各致年節薄意　盛旭翁來晤　復寶岩信
二十三日晴　丁松生來商義塾事　鈞兒生日思〻愴然　蓮汀由嘉
二十四日陰微雨　至樊宅道喜鴻甫嫁女　若生處少坐　仲良中丞來未值
燈後吳仲耆偕陸庚甫來
二十五日晴　連日肝鬱氣滯胃納作酸　就保如診〻　用疏肝和胃

〻剞印版其方仲眙来即日有蘇州〻行復杏蓀書交仲耆帶滬

二十六日陰 吝仲辰中巫久談桐侯解館酌〻邀誠民沅石陪

二十七日陰雨 祝雨辰夫人壽仲耆冠〻夢九来仲耆將有滬上〻

行

二十八日陰雨 料理年事大致就緒

二十九日陰 雲屏百日前往一拜 李蘭翁丁松生先後来談夜敬

神杭俗謂〻燒年紙 松生以紅蝠山房初刻見貽獲此家珍殊足喜也

除夕晴 午後至夢九處見淋粟夫人久大事諸已妥協矣

酉刻祀 先敬奉 神像於老屋二廳仰叨 祖德一樣是庇

蓋自今年始也（西院係瞿氏舊宅 東院係我家新構）歲闌燈炧回憶鈎兒不

禁潸然

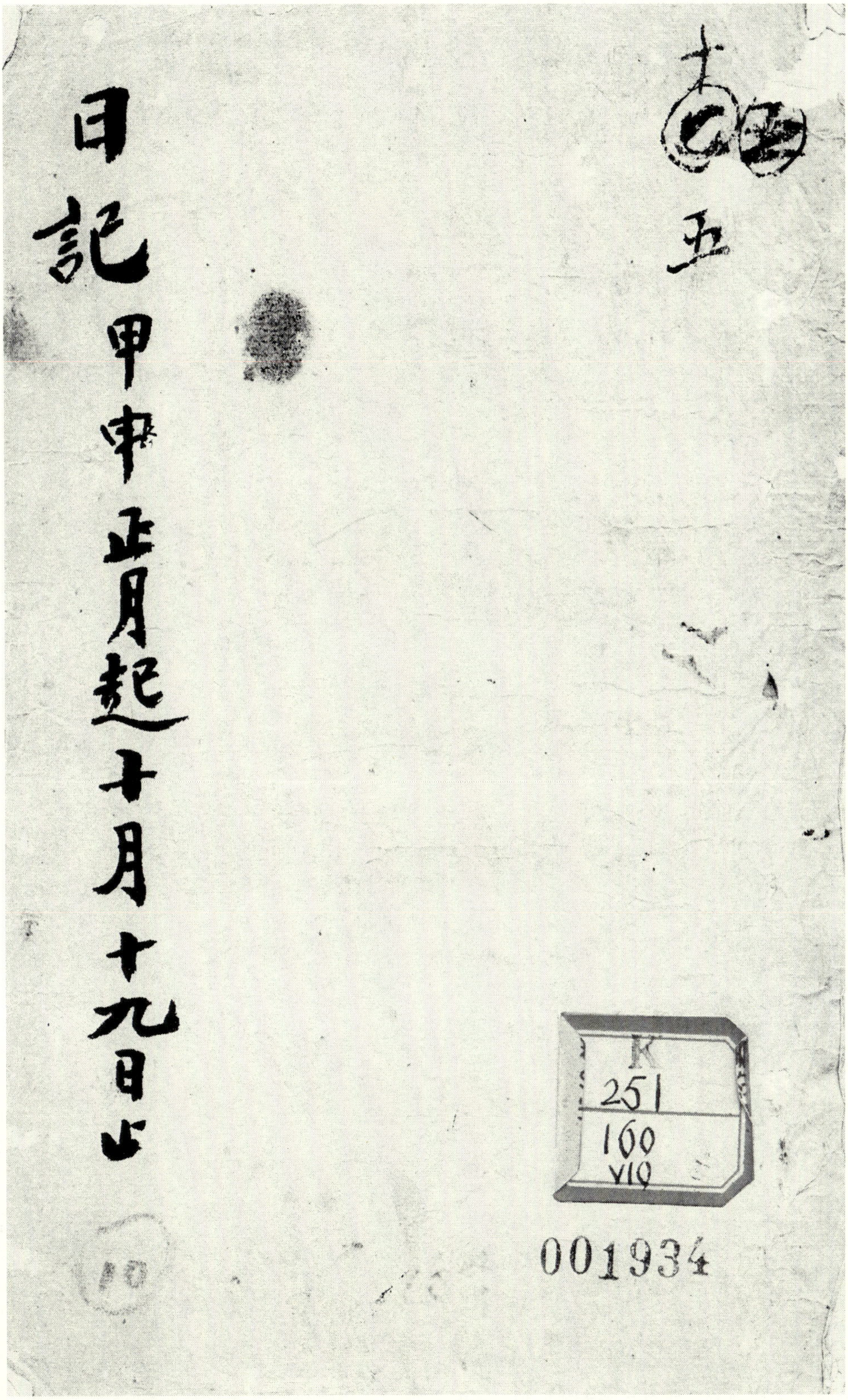
五

日記

甲申正月起十月十九日止

光緒十年甲申 五十五歲 正月丙寅元日丁丑

元旦午前霽午後雨 子惠夢九子樂昆仲張旣耕桃雨農守穀来賀年晤餘均辭謝

初二日雪 東笙冠三廿卿来晤擬出门拜年阻雪未果

初三日陰 子社来出门拜年見琳粟夫人雨辰夫人並三官巷叩謁羅理泉祖姑丈神位范楣孫黄雲舫處謁靈椀俗也晤旭翁談雪融如雨道路泥濘僕夫甚瘁 夜雪

初四日陰 上城拜年在茗笙處少坐晤子樂子舟昆仲杏

蓀自滬來久談

初五日陰 東南城拜年見武卿夫人吉人夫人 吳竹筠丈李蘭翁金步伯邀赴宗文義塾以吳氏輔仁局停止商分齋接办之法余獨認一齋按月捐錢五十千文教養孤寒有舉莫廢不敢不勉力也 下午杏蓀仲耆既耕同来論上海泰來事即留便飯 夜雪

初六日雪 沅石来知新授紫陽山長之聘 茗笙杏蓀来

初七日大雪 同茗笙公請杏蓀席散已子初矣 連日雪深尺許 聞近年所無也

初八日雪霽 子社既耕裕亭来 午後出门拜年 雪深路滑即歸

初九日陰 張寅伯來商義塾事 穀似吴春泉太守先後來

初十日霽 旭翁來談 接仲筠臘月廿二日信

十一日晴 周滌峰來 復仲筠信 挈鎔孫登卧遊樓 眺四山雪霽 殊豁心目 樓三層 中一層藏書 上一層曰卧遊 桐侯題額也

十二日晴 吴春泉太守請春酒 與茗笙少伯丁松生張子虞同席 歸途茗笙約往談 春寒甚料峭 去冬無此凛冽也

十三日晴 出城拜年 晤裕亭 卓然 又臣 春泉 巽卿 唐其翁

上燈祀先

十四日晴 赴宗文義塾傳考、輔仁局所遺、學生計附生黄日復等共二十三人定議宗文義塾留大學生十二名餘分入同善普濟兩堂義塾令指經費歸宗文三百千歸同善普濟三百千不敷之數合歸各處湊集、輔仁局廢而不廢矣歸途若容晤侯虞舫談 接幼蓉初四日信

上元節陰 約子惠來談下午若笙來 頌臣自滬歸

十六日陰雨 子和幽子使來談下午鍾宅招飲 少伯裕亭諸君同

席亥正始歸
十七日晴 夏松孫來談下午酌唐其翁及卓然裕亭諸君
十八日午前陰午後晴 至陸宅道喜點青娶姪媳 訪吳筠翁談畢請自薦
表事接幼筠初八日信寄到年總菁件
十九日陰 仲良中丞閱視海防回省往候之遇吳幼筠丈若蓋歸途
至孟揚寓一看 孟揚於年底聞母病先歸其寓於本日開弔明日即行 晤穀士
二十日晴 偕桐侯後門外閒步隔街新得隙地將及二畝擬種竹千
竿雜以桃梅等樹為憩息之所惟須先築園墻耳

二十一日午前晴午後陰 皮麓雲自宣平来極言乃翁處境之窘閔之
代為眉緣子惠松孫先後来談下午偕桐侯喬梓孤山探梅
已時見兩三枝矣至趙公祠啜茗小坐薄暮始歸遇微雨
二十二日午前陰下午雨 仲良中丞来談午後訪丁松生商公典事至夢九
子惠處少坐
二十三日雨 孫子揩来子授寫商阜康存款事午間許子社招
飲 丁松生趙何昌来孫子揩瞿甓軒許乙齋同席晚酌子社甓軒
寅伯誠氏頌臣初試潘厨口味頗好 芸史到杭就穀士處館

也舫留小憩汪姨甥女挈其子蘭舍自嘉定来

二十四日陰 仲良中丞招飲同席若農筠丈少伯叙談甚適

二十五日晴 姚季眉司馬林少雲錢甘卿兩太守先後来晤 廿七日江南團拜公請

子惠夢九来晚酌桐侯克齋芸史諸君 裕亭赴婁

二十六日晴 皮麓雲来午後出门答客晤德曉峰方伯久談接潘

蓮甫信

二十七日晴 德曉峰方伯豐雲鵬廬訪来談接子授信 子縉午面交

後奠余古香觀察赴八旗會館江蘇團拜公請與何青耜

都轉旭翁穀士同席共到百八十人設三十席亦盛舉矣演
四喜部名目小京班尚可看得亥初歸
二十八日晴偕吴筠文少伯茗笙公請仲良中丞子和學使席設吴
山阮公祠酒半登文昌閣清秀山房一眺全湖在目風景绝佳
酉初始散到家已上燈矣
二十九日晴偕芸史誠民桐侯克齋諸君孤山探梅携移樽趙公祠後樓
小飲甚爲暢適散後渡湖至彌勒院少坐登樓一覽胸次豁然蓋
即十三間樓故址也今擊鎔孫由錢塘門步行而歸森兒隨諸

71

君泛舟至湧金门登岸亦竟日之歡矣

三十日晴 子和来辞行 按試衢嚴 晤穀似来辞行北上 押運 約初十日出省 晝值午後即至兩

署送行晤與芸史話别順道答客

二月朔日午前微雨 後晴 答徐次雲用福 祐卿世兄處少坐 步梅之孫 午後次

雲茗笙来商億恆事 應敏齋回省来晤 時將由蘭溪移居紹

興蔣澤山子惠来

初二日陰 答敏齋蔣澤山在三忠祠書局少坐并晤金杏園先

生老無所依以局為家矣 余進學時紫陽書院甄别童題派保也

一介句下森兒未習此種小題偶作一藝示之尚覺不甚費事也

初三日午前陰後晴　謝心齋太守鋮服滿晋京到省來晤　子惠來商公

濟事　吴妹和自上海歸

初四日陰　子授之甥胡仲基上襄來見　子惠夢九來顧瓷軒談

初五日陰雨傍晚　宗文義塾月課　即留午膳　下午同瓷軒克齋暨

東皋別墅一遊　森兒隨往　是處向稱金衛莊　改四閑別墅

現作全郡忠義祠公所　東皋仍舊額也　池塘最勝　竹木森然　頗

饒幽趣　惜失於修葺耳

初六日午前陰後晴 萸高太夫人仲瀛白妹之祖母年九十三歲吾杭之壽母也訪應敏翁談圃亭甚好山石尤勝陳聘臣自江陰來下榻焉

初七日晴 午後挈美童出遊金門謁錢王祠乘小舟至淨慈寺寺燬於兵僧人雪舟新葺數楹亦頗幽潔回憶己未春間侍沈文定師一宿於此不禁滄桑之感歸舟至退省庵登樓一眺新構四面廳頗軒敞尚未落成也 復潘蓮甫陸梁伯信

初八日晴 李蘭翁子惠次陽來亥正二刻長媳遺腹生男是

為慕孫乳名坤元五行缺土也母子均安差為可慰

初九日雨 何丁喜事何康來嫁女丁松生娶媳前往道賀在丁宅喫飯吴筠丈

殷應敏齋陸鑑青會商公濟典事議論竟日接杏蓀馨吾

寶岩書

初十日陰 蔡硯農同年自揚州來落篷子惠先後來商件復杏

蓀信 接伯寅書索恩福堂筆記

十一日晴 旭翁來談奠葉春伯太夫人順道答客訪少伯子惠談

王曉蓮方伯大經來未值 復寶岩信

十二日晴 至上步嶺恭謁 先塋並察視新建莊屋工程訪汪小雲觀察久談晚宿留下鎮保豐典

十三日晴 清晨小雲來談同至大清嶺送夏子松侍郎葬嶺峻下嶺逾半即塋地局勢甚好松孫所自擇不假手地師也薄暮歸家室人患氣逆痰湧情形甚險亟請保如診之服代赭旋覆湯加人參沈香服之漸平、然咳喘如故胃氣大傷細察病情甚成棘手如何、、

十四日晴 答王曉蓮方伯未值晚酌硯農曉蓮聘臣筠菴癸生少伯陪作

敘談甚暢　内子連服保如方，氣分漸平，胃氣略轉，惟咳嗆減

輕爲盼　三姪女挈其子六官自嘉定來　汝明出也

十五日晴　先大夫諱日，忽忽二十六年矣，思慕之情逾增愴惻。少伯來談

内子咳嗆頗減，神情亦好，稍覺放心

十六日晴　内子昨晚又復咳嗆，自汗，夢中驚悸，今日神情大遜於昨，病

勢反覆，無可措手，舉家惶遽。松泉來商，請王筱良圃；既耕來商，請仲鼎庭。

病急亂投，冀獲○○，天佑而已

十七日晴　内子自昨晚起早間有寒熱一陣神情漸好，胃氣尤勝。王筱良圃來與保

如有酌方劑目前急則治標緩以期平安過節二十三日春分再議調

治之方下午黃高太夫人若笙來 蕊親肝恙觸發如來診抑服其方

十八日晴內子病情漸定冀其不再變動庶幾尚可措手仲日那 咳而不喘咳亦希胃納頗增便溏亦減

廷來診議論脈象甚精微惟取徑太高方用牡蠣龍骨白

芍雲參而佐以桂枝乾姜等品實不敢輕於一試仍服保如

方 蔡硯農辭行晤 子惠夢九來 蕊闈肝氣漸平

十九日雨內子於寅卯間又作寒熱一陣與十七早間同午前稍覺

妥頓午後平復如常胃納不滯昴廷來復診言胃脈甚

從容是胃氣漸開之象久病之軀惟此為要仍復保如方
慈親叙昨尤適計即可康復矣
二十日陰雨 內子昨晚甚安本日亦平適胃口頗詀得佳羞覺可慰
茗笙子惠夢九仲昭来 良仲夫人自嘉定到杭 慈親胃納
尚滯 仍服保如方
二十一日陰 慈親福體漸安適 內子病勢亦安仍請保如復診 旭、翁滌峯
冠三先後来 滌峯將入都就館為稍復原資計 聘臣動身
回江陰

二十二日晴 内子病情如昨惟春兮在邗精神較之尚是向来本色也

午後 奠葉春伯太夫人 李蘭翁来

二十三日晴 春兮節 内子病勢不至增劇實為萬幸惟冀節後咳嗆竟停胃口不減便溏漸燥庶幾日有起色矣子惠来商定公濟典事改牌名曰協濟擇定三月初一日開盤接替實岩夫人自嘉定来

二十四日晴 慈親大安 内子病情亦平穩可慰也 作馨吾蔚庭書

傍晚實岩挈伯文夫人自嘉定来先是十六日曾將 内子病勢

馳告賓岩請其速來昨因伊夫人到杭知其家中必不能抽身
即發電止之兩晷都接二十日接信次日即開船矣
二十五日雨 奠丁松生夫人 吳氏表妹偕萬雲夫人來杭內子病情如昨
惟甫逾大節精神較乏耳
二十六日陰燈後雨 內子病勢俱減精神較勝如此庶可放心矣子惠
來言協濟已於昨日立契 賓岩挈良仲夫人及蘭舍先回硤
二十七日晴 德方伯來談 茗笙來商億恆事 戴延甫世兄適駿自
平湖新埭來少沐同年之哲嗣也少沐有函通問午後出门答

客悟魁三陳小恬丈汪润生表侄到润生為鐵珊之嫡侄回杭應試

也下午内子微作寒热尚不甚之 蓮汀自嘉定来 接伊臣信

二十八日雨 周履成自湖北歸来見我選石橋巡檢須由籍領憑也道張

既耕續娶喜 小恬丈移榻此間來内汪润生同来以就子惠處肆

業遂不果 蒿雲夫人回吳 復附寅書寄恩福堂筆記四冊

二十九日陰雨 眞徐蔭軒夫人乃郎管事在省候補設幕領帖也 卷軒招

飲與寅伯子社徐小漁同席 蓮汀坐原船回吳以梁伯病須往代

也内子病状日有起色回憶十六日以前情形真是萬分之幸矣

三月朔日陰雨 祝譜香夫人七十壽在海潮寺設水陸道場嚴衡伯表弟自嘉定来現館粮署賬席 甘卿来談 内子甫於今早退熱蓋連數二十日矣

初二日晴 若笙来談 復伊臣書并致馨吾昆仲

初三日晴 出门答客 晤汪子安 盛旭翁 午刻夢九招飲 與吴殿臣 李蘭翁 濮震生 鄭純甫同席 下午 慈親偶患眩暈 少刻即安

初四日雨 張鞠甫元愷自揚州回杭来晤久談 特已乞病將卜居也 家住海州分司 子惠子樂来 内子肝陽微動 仍請保如復診 上海周理堂来

初五日陰 新授寧紹台道薛叔雲福成来晤 王子祥庶常祖畬自太倉

来夏松孫来冀學敬妹夫人答鞠甫訪丁松生均未值晤竹舟談
初六日晴　諸伯約来見午後出门答客晤仲良中丞曉峰方伯茗笙識民
諸君接伯寅初一日書寄彼庭年伯年譜墓志三屬元歙蘇詩鈔一冊
小浮先生閉门集船菴集各一册仍再索恩福堂筆記
初七日晴　陸懋青来晤夏厚菴来夜話時將入都就姻連日内子
病體頗安巽其漸臻康復接蔚庭初二日書
初八日晴　茗笙寅伯夢九来
初九日晴　訪丁松生談公當事即并代文夏松孫附款清明節為鈞兒

禮懺三日晚放瑜伽燄口一壇

廿一日晴 新授廣東運使瑞莆侯璸来晤 鞠甫松孫先後来 午後出

門答客 晤吴竹筠丈 松泉子縉昆仲 寳岩夫人壽 回晚 夜雨大雷

廿二日雨 子惠偕鄭文翁自諄 潘子韶文鏞来 子韶協濟司賬也

接幼笙筠初四日信

廿三日陰雨 德曉峯方伯豐 雲鵬賡訪 成竹銘都轉勳 旭人觀察公請

席設八旗會館 有戲 客四人 何青耜都楨 敏齋若笙及余 作竟

日敘 是日春寒如臘 汪守安由蘇至徽来 過此一晤

十三日 晴 敏齋松生約看普濟堂棲流所清節堂義塾及善（與青諸君）
倉 永濟倉并壩子橋工程規模都好兵燹後整理至此不可
謂非丁氏之力也 同（順道）詣莫菴（或作沐菴）房舍甚精潔是日新修永濟（倉）
工竣祀神飲福傍晚赴鄭宅聽戲同人為譜香夫人暖壽也
十四日 晴 瑞黼侯辭行赴粵 褚伯約辭行進京 下午出门答客至
鍾宅少坐
十五日 陰 汪子復曾滂來見 又臣來久談 慕孫剃胎髮 内子稍
稍起坐卧床已月餘矣

十六日晴　沈書田應奎自黟回來　晤皮麓雲自宣平來　午後挈陳元謝福至湖上一遊　坐皮艇甚適　月餘以來料量醫藥心緒甚劣

近日心神稍定　不可不一滌襟懷也　既耕來函言今午接電報　樞府禮王額勒和布閻敬銘張之萬孫毓汶　石破天驚　莫測其所以然　急須聽下回分解矣

十七日陰　旭翁來談　夏彥彝辭行進京　候補縣汪爾祉肇敏來見　金徵芷之壻　與有姻誼也　鄭氏三昆仲先後來　經伯引〇〇見　甫歸

十八日陰雨　誠民將赴鄂　送之　訪少伯談　至電報局少坐　作子授書

两次函来，言年康存款事，据实复之。复忠甫信。
十九日阴雨。程艺甫、严福卿自嘉定来，送夏季斋行挽幛。子授、忠甫信。茗笙来夜谈，即留晚膳。裕亭偕梁伯自江苏回。
二十日雨。茂生偕梁华卿（孙其）、冯星垣来，挽张洵侯因醵务到省，即留此间下榻。致梁华卿信，托还岳典借款，又梁菊堂带沪偕艺甫同行，艺甫有粮署领款也。
二十一日晴。见十三日邸抄，恭亲王撤双俸，开一切差使，家居养疾，实系品休致，李鸿藻降二级调用，翁同龢留任，退出军机，朝局一变，至此真非

意想所及鄙人若非早日乞養到此地位便欲歸不得矣吁可畏也

二十二日晴 上步嶺展墓新構莊屋將次落成規模尚好至大嶺送蔣生甫夫人葬回家將上燈矣 龔蓉甫夫人來 女回哆 吳氏表妹同三姪

二十三日晴 恭閱電報邸抄十四日奉懿旨軍機處緊要事件會同醇親王商辦俟皇帝親政後再降懿旨欽此 謝福請假回湘

二十四日晴 石屋嶺赤山埠掃墓晚酌陳小田文琢其洵侯星垣茂生 沈雲觀察來談

二十五日晴 出門答客晤沈吉田潘子韶協濟 鄭文翁保善 恆岩特解餉到省將回青田

禎兒應縣試　看梁伯病甚可危

二十六日晴　送李仿梅高仲瀛行訪松生未值晤竹舟談午後旭翁來談

仲瀛松生先後來松生之夏樓鍾三家收此

二十七日晴　若笙來商億恆唐款　禎兒正場第九名

二十八日晴　朱友柏世丈來晤茂生星垣琢其回晤周燮甫福祚仲達

福成昆仲自嘉定來亦世交也午後出門見琳粟夫人晤子惠談

同善堂當指事并看汪润生

二十九日晴　禎兒縣試初覆仲怡來偕往保善典同鄭文翁潘子韶

子惠看演教寺前沈宅住屋沈師母托在杭垣購覓也间架卑狹殊不合式　晏伯病已不可為邀轩来為商後事

四月朔日晴燈後雨　豐雲鵬盧访来談

初二日晴　看晏伯病王宗文義塾與張寅伯高龔甫閒話少伯来談紡筠自漢口送琴舟眷屬歸　楨兒初覆第八名

初三日晴　高仲瀛来辭行赴津　龔葉甫夫人回崇明　吴氏福錫来年十四歲矣

初四日晴　楨兒縣試二覆午後訪若笙紡筠始晤談金忠甫奉萱

洮譚旋里往信之藉詢朝中近事 接寅岩七日信即復之

初五日晴 宗文義塾十月課克生率乃郎堯臣自滬来總角舊交也堯臣年十六英發可喜 晚酌朱友柏世妹汪子安文同座克生洵侯周燮甫昆仲吴廑平表弟席散與克生夜話

初六日晴 孫歡伯司馬喜来見 楨兒二覆第五名夏松孫来談 陸畏伯一病不起家中如逆旅可勝悼與迻軒為之經紀其事周燮甫昆仲回嘐

初七日陰 汪明揚偕其三妹婁塘黄氏來 黄畏伯偕裕亭談

初八日午前陰後雨 道吴春泉太守娶媳喜 看忠甫谈 至東裏塘巷道喜吴宅

琴舫夫人率其子女今午進屋 晚與克生喬梓夜話

九日雨 楨兒縣試終覆 蓉軒來談

初十日陰 符氏表妹嫁婁塘陶倫卿 挈其女自嘉定来

十一日陰 偕克生喬梓及克齋喬梓并挈楨兒湖上一遊鳳林寺

僧江青精飯見餉 杭俗謂之烏飯 是日立夏也 傍晚歸 楨兒縣試正案第三名

十二日晴 午前出門答客 子惠仲篤来談 汪明揚偕其姑母回婺

十三日雨 趙价人豐農部自虞山来 前日見訪未值 往答 久談 二十年前

京華舊雨也聘少甫觀察後到省来見張潤和自南翔回徽州

過此一晤晚酌克生喬梓藉以話别

十四日午前晴後陣雨 早起祝劉仲良夫人六十壽出鳳山門至徐村四鄉展

墓徐村為羅理泉祖姑丈塋地四鄉則三妹新塋也約偕摯

福甥昆仲偕往歸途遇大雷雨并雹在六和塔下凉亭小避三刻酉初

到家 克生喬梓回鄉

十五日晴 价人来久談經伯辭行赴江蘇候補相侯喬梓到杭仲堅

偕来 洵侯回鄉

十六日午前陰後雨 仙芝嶺展墓至三台送褚爽齋年丈葬遇雨

十七日雨 翼梁伯下午酌价人伯施九韶仲盟卿井魯松士陪价人明日卯行 伯文夫人回嘐

十八日晴 旭翁抄示津電法越事已於十七日經李肅毅妥議定結局未知其詳也 翼董毅甫太夫人壽聯交甫

十九日晴 見琳泉夫人談午刻酌侯愷庭劉子蓉唐春泉幼蕃開宮

燈後旭人來久談

二十日晴 顏穀生太守鍾儁薦九江王魯齋精堪輿〻學徒悟〻

正月二十九日
寅時

並邀其下榻焉順道答客悟仲昂廷姚雨農世兄

二十一日晴 楨兒應府試正場既畢来出示法越事簡明條約越南已矣閱竟為之憮然 經彝借王魯齋卦留下

二十二日晴 奠金鳴初姻親忠甫並眺川順道答客沈石保如夢九来

二十三日晴向晚雨 慈親八十五歲壽辰中丞以下咸来致祝均辭謝親友送午席七桌晚席三桌女席午三晚一作竟日歡夜風雨

二十四日晴 上城謝客悟旭人哉卿伯雨楨兒正場第三名

二十五日晴 東城謝客至水香菴陪弔送奠 忠甫處 旭人来夜談

二十六日午前陰後雨　答旭翁晤擬至德生菴送金唱翁殯甬過昭慶寺
知忠甫已畢乃進城遂不果往　王魯齋自留下歸
二十七日雨　楨兒府試初覆晚酌王魯齋用素席因渠喫長齋也（作寰岩書附鏡甫信）
二十八日陰雨　接寰岩廿二日信　幼筠赴甬
二十九日晴　臨安教諭陳穀来　特夏送考到省来晤嚴州人辛亥同
年也晨星寥落對之殊覺可親　仲星面晤　復寰岩書附蓮汀信
三十日晴　仲良中丞来談龔燮臣世兄其寀自崇明来　鳳台三三令似為訪伊親戚来也
下午下城謝客晤吴畫屏　楨兒府試初覆第五名

五月朔日晴 料理節務 校订红蝠山房詩鈔

初二日晴（楨兒府試二覆）湖墅謝容在巽卿處午飯 同王魯齋至烏盆橋看地（西湖壩西里許）

初三日晴 茗笙来谈 印同年膳 胡緘三丈 雪岩信来

初四日晴 子和與使考畢 縉與田省来晤 午後道子和外縣寨憲喜（時將交卸回京）

少笙答陳穀来同年 访李蘭翁（茗笙）均晤谈 楨兒府试二覆第四名

端午節晴 吴楞孫自嘉定来

初六日晴 楨兒府試三覆

初七日晴 旭翁来晤 知杏孫委署津海關道 午後答仲良中丞谈

槙兒府試正案第三名

初八日晴 偕五弟上齋赴上步嶺相視先塋并看左近地兩處遇雨障申正歸

初九日晴 午後出門晤吳筠丈張寅伯 若笙來談

初十日晴夜雨 早起出城弔青芝墳送金晉翁葬午前歸接誠民初四信

十一日午前雨午後陰 便衣出門晤夢九松孫胡仲基冠三作曾沅翁書撰聯硯農情不可却也

十二日晴 偕筠丈少伯若笙公餞祁子和學使邀何青耜都轉陪辰

刻集湖舫游三潭印月鳳林寺壽處席設蔣祠暢敘竟日

十三日晴 鞠甫挈眷回杭住方谷園往候之并看新居甚軒廠也至裏塘

巷福謣書房少坐　保如松泉禾穰卿子惠夢九簫甫九來 嚴福卿以杭延譚詠谿女

十四日晴　內子五十四歲生辰設午麪五桌女客二桌晚便飯兩桌 十三碟六小吃品鍋

楞孫回眕

十五日晴　仿筠自甬歸來談胡仲基來商子授卓康存款事

十六日晴 午後雨　鞠甫來晤 致震少岩信 午後出门謝步見仲昭既畊子白順道訪忠甫談 沅石 麥甫

十七日晴　黃孚介在福來見恕齋先生之孫也祝穀士夫人壽便道答

客訪茗笙談　接洵侯十三日信論南翔業致茂事

十八日晴　接頌閣信南滙劉樹滋森來見面交　王魯齋回江西

十九日晴 仲笏来商漢上事岳市監督事陳善昌来見人頗老成汪蕭九辭行赴天津王稚珊挈其子自岳市来 天氣初熱夜雨仍不甚透

二十日晴 問丁竹舟病晤松生談 作誠民信

廿一日晴 金筱卿籌五昆仲来見 三房少芷子 二房月汀子 均因籍應試也午後訪德曉翁未值看胡雪岩官款尚不得了私款更不可問矣 是在住處中堂 裕亭借善昌来即留晚膳 作馮星垣信

廿二日雨 德曉翁来晤談 瞿丁兩處應酬 經閣六旬冥壽 胡月樵 松生夫人百日 鳳舟到省来晤 接寶岩十七日信 徐根香 易華自常熟来 住保如處

二十三日晴 蓉胡月樵徐根香（併耕鄉）看幼筠時患（感冒）均晤談

二十四日晴 張子虞金忠甫来談 孟揚自嘉定来

二十五日陰（微雨） 蓉笙偕汲雲来商億恆事 午後蓉德饒翁晤于協濟少坐（夜雨）

二十六日陰雨 韓賡揚〻弟晋昌（自蘇）来見 時復帶偉私水陸營 午後旭翁来談

二十七日晴（午前小雨） 唐藝農来晤 下午耕鄉来談家常

二十八日晴（夏至） 天氣驟熱 豐農田望澤（已殿）得雨未透深盼即沛甘霖也

二十九日晴 蓉旭人藝農看幼筠均晤談（病已愈） 致李孫書 傍晚走訪

耕鄉 福孫女出天花請孫容齋診〻（兒科） 接識民廿六日漢上書

閏五月朔雨　自好来談耕莘卿辞行回常熟下午得雨頗透夜雨

初二日晴　子和来辞行贈以文端公集又贈欲筆并墨搨楹聯又顧亭林國朝詩年譜葉廷琯書亦揚字留别沈吉田来談述近况甚窘亦爲阜康虧累也　午後送子和行并偕至粮署少坐合肥青岳市　致寶山信　稚洲回

初三日雨　幼筠子惠来商漢上事竟日雨甚透三農魘望可喜也

初四日陰　蕙蘭近日屢作肝疾服保和方不甚效問官醫西局施瑞春華青醫理頗好延請診視試服其方　蓉生忠甫先後来談

初五日晴　宗文月課接馮星垣信言發茂事曲折甚多即馳函囑其毋庸置議

初六日晴　仲良中丞来談接寳山石初一信言輝吉事即復之　克齋回暎省親至夢九處

初七日陰 下午微雨 既耕又來 閱電報粵西邊外又有衅端昨仲良亦言之也 接曾沅翁五月廿二日書 接沈姊信昜吾來

初八日晴 答張子虞 順看毓兒至子樂處少坐 聞子通病 復沈姊均信 詳述協濟事

香雪姑祖紅蝠山房詩鈔刻成 同長沙所刻二編訂作六冊 初編有跋二編有後序誌幸也

初九日晴 殷紹濂乃郎勤甫安邦來見 上年赴餘杭就親也 慈親服施端春方尚屬對症 今日仍請復診

初十日晴 送幼筠行 順道訪子惠 晤新任學使劉姊壽大司成廷枚來晤 晚餞幼筠巽卿 同伴赴鄂

十一日晴 旭翁來談 幼筠巽卿赴鄂 忠甫辭行回京 諭吳氏奶來事 晚就旭翁談

十二日晴 荅姊壽與便仲良中丞送忠甫竹茗笙少伯處少坐作識

民信 汪守安由徽赴蘇過此 皮麓雲自宣平来

十三日晴 盛旭翁薛姊雲先后来晤 姊雲奉特旨引見回省也 天氣驟熱

十四日下午大雨 慈闈便秘半月今早始解微作眩暈請保如瑞春先后診視下午即安 守安赴蘇 夜雨達旦農田霑足矣 閲申報知大江南北均已得雨

十五日晴 少伯来談 慈闈近患漸平

十六日雨 慈親仍覺氣分不舒請施山瑞春復診 閲京畿已得透雨深為可喜

十七日晴 慈闈較昨稍安 汪彤姊樹廷来晤茗笙沅石先后来談

十八日晴 張荀龍文田来見既耕〻弟也 孟揚移榻此间 接誠民十二日信

十九日晴 慈親連日服施方頗效氣分漸舒胃口納亦順 私心竊慰

二十日晴 起早偕桐孟諸君至三潭印月看荷清氣襲人塵襟為之一滌回至三雅園喫茶午後

少伯来談 接寰岩望日書

二十一日晴 早起拜客晤咸竹銘都楊盛旭翁沈吉田 施瑞春来復診

二十二日晴 早起答客在電報局少坐看夏松孫病頗不輕 周子玉懋琦来見

二十三日辰刻大雨午後霽 竹銘鞠甫先後来晤既畊来言法事頗棘 發寰岩書

二十四日晴 旭翁来談

二十五日晴　鞠甫招飲少伯既耕子樂同席作竟日叙

二十六日晴　早起訪仲昂卯庭施瑞春論夏松孫病伯以為肺癰即往候之晤諸敦伯時松孫與敦伯同居也　午後丁松生來談論公當及濬湖局事

二十七日下午微雨　夢九子惠先後來

二十八日晴　施瑞春來復診　慈親服其方甚對也

二十九日雨　既畊來言法事警報迭聞閩洋尤為可慮此事正不知作何收束耳

六月朔日午前微雨午後晴　早起擬詣松孫病阻雨未果函詢敦伯言似稍見輕

初二日晴　祝何青耜都轉壽答許貫之晤子社下午若笙來論濬湖局事

初三日雨 既畊来知法事尚在调停已8派曾大師赴滬會議矣 仂箴於廿日赴漢接誠民並函書

初四日晴 施瑞春来復診 慈親諸恙悉愈惟大便仍秘结耳

初五日晴 宗文月課 汪蔭孫来

初六日晴 看松孫病 晤敦伯 日来頗有起色也 访夢九 見琳粟夫人

初七日晴 謁仲良中丞談 祝茗笙壽 奠陳崇賢尊慈 下午寅伯来 論濬湖局事

初八日晴 茗笙六旬正壽 偕少伯暖暖作雲林之游 佰默青松生陪暢叙竟日 接仂箴廿二日信

初九日晴 寅伯来商濬湖局章稿 時吳春泉太守有停濬之議也

初十日晴 早起偕子惠冠三夢九子東山街董賈處看磁銅各器皆贋

若家物也下午施瑞春来復診大解積滯一清初七兄連得旭翁来夜談接寶岩丑信

十一日晴點青来談若笙謝壽即同便飯克齋香梓列杭連日天氣酷熱昨今尤甚為近年所未有

十二日晴王小鐵由漢回籍来晤年已七十猶矍鑠也識民自漢上歸

酷暑更甚於昨桐侯克齋福卿均移榻樓下　子惠来

十三日晴訪松生晤杏小鐵李值姚孝梅司馬来談　夢九来繳作雨勢酷暑稍減

十四日晴看識民晤順道杏客少伯来談接子撲書寄滙款

十五日晴訪若笙談及幼笙均書申刻大陣雨

十六日晴穀士回省来晤藉詢都门近狀今年俸滿引見甫出京也　夜雨

十七日晴 松生来談 謝福自湘歸 讀國語畢接讀戰國策

十八日晴 早起答客悟吳翁伯文沈仲昭

十九日晴 潘子韶来 子授阜康一款有成說矣

二十日晴 夢九二十生辰為琳粟夫人道賀喫麵而歸

二十一日晴 早起同子樂病順候保如盛旭翁来談昨閱法人攻破雞籠今日復得奪回之信亦差強人意

二十二日晴 答高白妹悟談 慈親近體大安眠食一切均如常矣

二十三日下午雨 少伯抱孫彌月賀之答馬星五吳妹和在電報局少坐裏塘巷

二十四日雨　內子偶患感冒尚輕　天氣驟涼

二十五日陰雨　馬星五觀察来晤　汪爾祉来

二十六日陰雨　既明夢九来　作賓岩信

二十七日陰雨　白井鞠畝先生来談　施瑞春来復診

二十八日午前霽午後雨　看松孫病　晤敦伯　至鍾宅少坐

二十九日午前晴午後大雨　旭翁来　夜談法事大有決裂之勢　復趙德輿信

三十日霽　何青耜都轉来談　復伯寅書　寄恩福堂筆記　附紅蝠山房詩集

七月朔日晴下午陣雨　復陸頌臣信　松士来

初二日雨 接妹婿廿一日京信 幼筠廿五日漢信

初三日霽 張子虞來談 仲昭來 夜雨

初四日晴（雨間） 既明來言法事決裂 袁福建已開仗矣 看松孫 其夫人產甚難 深可危也

初五日晴 宗文月課 閩馬尾失守 船廠被燬之報 曷勝憤懣 松孫來 子惠來談 松孫函告伊夫人產事獲安 惟生女未育 亦不幸之幸矣

初六日晴 仲良中丞來訪 論海 午後出門答客 悟盦 旭翁 何青翁 向李 蘭翁病在電報局 裏塘巷中 坐閱穆將軍長門勝仗 張洵侯來 下榻焉

初七日晴 接朱懋勳明亮自閩來書 并寄神麴茶餅等土物四種

初八日晴　何青耜都轉招飲若笙筍丈小鏡右伯同席饌甚精美

復朱攄勛信連日未得閩省軍報深為系念　讀戰國策畢　接讀史記

初九日晴　聞法艦衆攻長門閩督來電也燈後大陣雨

初十日雨　答鞠甫談至鍾宅少坐許貴之子惠來　接子授三十日信

十一日雨　既聆來言法艦已退出長（門氣）往何處尚未得報也

十二日雨　鈞兒新中元奉經三日（初十起卯晚）放燄口一壇　天氣過涼急盼晴霽

十三日霽　午刻祀先中元節親友均賜禮枉臨杭俗也備（便）飯四席

十四日晴　中下城拜中元共八家　黃高葉范　汪董丁羅　接伯寅書寄石刻三種

十五日晴 上城拜中丞午刻祀先兩家陳陸 昨今兩日親友尚有陸續來者閩穆將軍退守連江之報 樓賓岩信

十六日晴 晤仲良中丞論防務甚悉 順道謝客 晤穀士 若瑩 秋暑自昨日始

十七日晴 傍晚陣雨 午刻祀先 汪彤甡辭行進京 子惠來談

十八日晴 午後微雨 若瑩沅石既明先後來談 聞雞籠小有勝仗 嚴容孫來舊雨太公寓見之

十九日晴 下午陣雨 旭翁來談 接裔垞信 寄還借款二百金 時署荊溪縣

二十日晴 蕙親晨起微覺眩暈 請瑞春診之 言痰飲為患也 即服其方

二十一日晴 曉峰方伯來談 晤蔣幹臣觀察國楨 晤仲昭 午聞蕙親偶患肝氣上衝 仍請瑞春復診 下午漸安 筱棠蕙吟葯秋均出總署

舊友澗生〻

二十二日陰 吴筠軒敏齋二鄉老雷浴洋水郡庠上匾賀〻王小鐵徐善伯来

慈親竟日安適

二十三日陰 午後陣雨 請瑞春復診 松泉来知保如病頗棘手 晚於太平蹤口循坊俗也

二十四日陰雨 慈親服瑞春昨立方甚適 胃納亦較順 異陵不再有波折也

二十五日晴 看福錫病 答汪彤妹 訪子惠談 夜雨

二十六日午前雨 午後陰 陶槃林森甲自湘来携帶周渭臣軍门信并寄件

二十七日晴 沅石服闋 詣供永寗院前往一拜 若笙来談 請瑞春復診

二十八日晴 出门答客 至若笙處談 杏孫来電 法艦有北犯之信 言子授劃缺少

讀史記十三本紀畢

二十九日晴 至城頭巷口吳宅拜冥壽順道看福錫病稍好矣蔣幹臣觀察

来晤提子授劃款事 陸頌臣自婁来 接蔚庭信 作守安信

八月朔日晴 陶榘林辞行紹興徐仲凡樹蘭来晤 復鬲堤信 子惠来談 慈親似患類瘧瑞春来診

初二日陰 傍晚微雨 致香孫信 復子授劃款事 接汪守安廿八日蘇州来信

初三日陰 孫穀庭同年翼谋到臬司任来晤久談 芸史来 新自嘉定引報署

初四日陰雨 豐雲鵬田嘉湖道任来晤 松生既昕先生攺来晤 子振英診善 見初三日馬江戰事上諭旨

自湘来將赴徽也暫留小住 慈親類瘧日見輕減仍請施瑞春復診

初五日雨 送鄭文炳行至子惠處 立協濟詠卓 嚴福卿患脚氣 諱悮忌

醫辭於亥刻作古上有继母下無子嗣可憐也

初六日霽　為福卿料理身後事夜子正始畢

初七日晴　福卿靈櫬上船伯雨送歸　讀史記十表畢

初八日晴　答孫穀庭廉訪見吉人夫人寅伯来商張文節入祠事

初九日晴　訪少伯談看卓翁病請施瑞春復診

初十日晴　出門答客晤仲良中丞曉峰方伯至若笙處少坐

燈後大雨

十一日晴　看保如卓翁病至宗文義塾少坐旭翁前来談

十二日晴　仲良中丞来談少伯子虞松泉先後来　慈親瘧止可喜

十三日晴 夜雨 祝旭翁壽 看松孫阜、垚病 奈小鍊 既耕来 知杏孫降調 因案

十四日陰 料理節務 内子近似患痢 惜常服方 請松泉酌之 夜雨 徽識民洵偕林来

中秋節陰 擬將理安 因雨不果 夜酌桐侯克齋諸君 設兩席

十六日霽 傍晚雨 許子原、祐身来晤 少伯来談 有雞龍復失之信 慈親類癢停止後 精神衛已如常矣

十七日雨 秋雨竟日 渡子授信 内子痢止而頻頻欲解 後重特甚 深覺其累

十八日雨 鈞兒之殁 忽忽一年矣 期服既除 追悼曷已

十九日陰 丁竹舟松生尊慈八旬冥壽 往拜之 夜天長寺諷經 子惠来

二十日陰 傍晚霽 戴同卿穂孫来晤 文節公之四令似也 以習苦齋集及畫册見貽

二十一日陰 侯霽舫太守来談 洵侯回嘐 既耕来
二十二日陰 張肖眉同年洵諡文節專祠落成本日安位由府縣致祭
同人咸集行禮 舊徒鄭脩甫曒自嘉定来
三 二十四日晴 蔣幹臣觀察来面交子授劃款（计司平纹萬两） 俞湘舟由佀過此
二十四日晴 祝唐其翁七十壽 順訪又臣未值 致子授杏蓀信以收到劃款也
二十五日雨 内子患痢未止 氣逆痰多 甚形狼狽 焦慮之至
二十六日陰 内子痰逆稍平 惟痢仍未止（昨晚甚劇 日間稍減） 與桐侯斟酌方劑服之
二十七日晴 内子病又棘手 邀松泉来斟酌方劑 與其痰逆速平

為章不及兼顧病疾也　子惠夢九孟陽既耕均來問病

二十八日晴　内子昨晚氣分稍平喘亦已止方深欣幸詎今早巳刻又復氣衝痰湧情形甚危亟延松泉診視易方斟酌服之竟日尚屬平安然每睡醒氣必上逆舉家仍惴惴也　早間方甸廬過間服黑錫丹二十四粒體倦竟日尚無流弊用引火歸元法亦似有效

接蕭杞山信述粵事甚詳并寄燕窩肉桂魚肚荳蔻等四種　松士來　曾來

二十九日晴　内子氣逆未平請仲昂庭診之言病在肝脾試服其方　甘卿來　以松泉方未能取效也

用肉桂麥冬等藥三十年未服温劑服之而效或尚可着手也

三十日雨　内子服昂庭方頗對症今日接服之險象已平矣　孟陽夢九子惠來

九月朔日雨　請昂庭復診病勢時有波折　大解頻數　咳嗆痰少　仍多可慮

初二日霽 吳蕙吟宗丞請假回籍過省来晤久談内子自昨晚起氣又逆甚午後始漸平匙昨方去白朮服之 既晡来王姊英赴徽州

初三日晴 請昂庭復診（言衝氣上升致氣逆體浮也）用桂枝加桂湯加減别無善法不得已試服之下午答拜蕙吟来值黄元甫廿卿姊魯来

初四日晴 請昂庭復診用五皮散（飲）加減以衝氣漸平而浮腫稍甚也棲杏藕書并寄件旭翁来夜談 讀史記八書畢

初五日晴霜降 内子病勢漸定仍服昨方茗笙来久坐松泉来

初六日晴 請昂庭復診（仍用前方）兩日来内子病頗有轉機其腫勢漸消為幸

初七日晴 昨今内子病勢大有退機 午後挈[紫宮稍憩]鎔孫登吳山一覽以抒積悶

初八日晴 昂庭來復診 仍照前方加減 衝氣已平 腫亦見退矣

初九日晴 出門答客 晤蔣幹臣 李蘭翁病愈來晤 内子昨晚咳嗆較甚 今日氣分稍弱

初十日雨 昂庭來復診 易方服之 試用冬白朮 今日衝氣又升 情形劇甚 腫勢右消左長 據來

能處之應手 是可慮耳 詒孫以借款故 書來責備 平心復之

十一日雨 内子腫勢有加 氣分甚弱 殊為可慮 仍服昨方

十二日陰 内子自昨燈後起 氣分漸覺平貼 早起訪昂庭 就商方劑

闰雨辰夫人患肝氣甚劇 往視之 晤卓然 旭翁來談 陶倫卿自嘉定來

十三日陰雨　早起聞雨辰夫人病請鼎庭為内子復診今日氣不甚衝而（照前方加乾薑白芍）脹滿特甚頗為所苦戌刻後漸平

十四日霽　内子服昨方小便較長（大便稍減）氣脹亦輕似頗對症　若筌来談

十五日晴　請鼎庭復診病情仍時有出入可勝焦慮

十六日晴（雨）　内子昨晚病情又亟今日稍安然大勢殊岌岌也奈何　亦樹（白晏）来訪澗久未続暢叙心緒之劣可知　莊孚伊自嘉定来　芸史蕉生孟楊諸君来就菊花即留小酌

十七日雨　内子昨今病状不至增長請鼎庭復診用六君子湯加肉桂麥冬竹瀝姜汁諸味　若筌来談

十八日陰雨　何昌来蔔觴招飲於有往還撳冗赴之　金沅石辭行回
京　陳仲英文縣於役金華府到省来晤內子病勢稍緩冀其日起有功為幸
十九日陰雨　雲屏將於明日舉殯本日開弔往拜之送沅石行晚稻未收陰雨多日
妨礙不小內子病情安穩脹逆溏泄等症均似有退機仍服前方
二十日陰立冬　送雲屏殯　龍吟菴路祭暫停叠翠山莊惲華耘祖祁自常
州来見內子病頗有退機昴庭赴鄉未回仍服前方
二十一日雨　亦樹来握別回婁內子昨晚咳嗆較甚係立冬節所致於現症尚小有感冒
無出入　昴庭赴西城請施瑞春為　慈親診脈並令一診脈仍前方　莊子伊回嘉定

二十二日霽　道德曉峰廿江西巡撫喜即在茗笙處晤及太守陳仲英午後仲良中丞来談　請鼎庭復診內子病势較昨稍安　霪雨傷稼　急盼暢晴

二十三日晴　德曉峰来晤　內子腫脹又增　如何是好　少伯来　慈親患痔　請施瑞春診視

二十四日晴　（今日）內子病势尚無增減　請鼎庭復診（用附子理中湯加竹瀝姜汁肉桂等）　江小雲来晤

二十五日陰雨　內子病势平平　向晚較好　仍服昨方（照前方附子改用一錢）　姊英自徽回嘐過此

二十六日陰雨　請鼎庭復診　病势稍遜　昨晚仍不時作脹也　下午偕茗笙公請陳仲英太守　邀仲怡陪　接伊臣九日書　夜有雪珠

二十七日陰　（天氣驟寒）內子腫脹劇甚　药非不對　而不能敵病　將奈之何　復杏孫信

二十八日陰雨 內子腫脹較昨稍平 邵庭来復診 照前方加理氣之品 惟於應手眼效耳 旭翁来夜談 菊亮臣自嘐來 稚侯之子也 光景寒甚 對之惻然

廿九日雨 內子服昨方 頗未見應手 仍接服之 晚尤加劇 亥子刻稍平

三十日雨 內子病勢尚平 惟腫脹未能輕減 邵庭来復診 用桂枝湯加減 試服之 病後不能下氣者已幾兩年矣

十月朔霽 昨今兩日內子病勢稍定 今早腹中作響下氣 小便較長 或是轉機也

初二日晴 內子病勢頗順 邵庭復診 仍用前方 紹興府瞿子方到省来見

初三日午前晴 午後陰 答仲良中丞談 在若笙處便飯 順訪夕伯晤 傍晚內子衝氣又大作 氣逆則脹甚 大小便俱閉 刻時漸平 病多轉折 殊可慮也

初四日晴内子病仍悵氣衝較昨稍減仍服前方克齋星萊均歸試旭翁来
初五日晴小雪節内子腫悵尤甚焦慮萬分午前就鼎翁與商治法并請
復診用化氣行水之劑未識能收效於萬一否
初六日晴德曉峰来辭行亦值燈後内子衝氣又大其情形岌岌逾三刻始漸平
病勢至此恐非草木之靈所能為力矣奈何奈何
初七日晴内子病情如昨無大變動請鼎庭復診用温理脾湯飲参以牡蠣澤蜀漆
撒暢亦皆誠誠借美黃陂人吴松雲鶴齡西軍營保游擊能以符水治病具有傳授
請即頒如法試術蘇游擊長慶所薦也

初八日晴　內子昨晚衝氣又作，惟較前晚稍輕。今日病勢仍無動靜，接服昨方。

初九日晴　內子昨晚接服前方後，吐出痰涎甚多，自丑至辰泄瀉七次，下痰尤不少。此滌散之力

今日腫勢雖未見退，而神情似覺稍鬆，冀其從此轉機也。卯庭來復診，

屬仍服溫脾湯，而停澤滌散，恐元氣受傷也。致信寶岩，請其[illegible]來

初十日晴　內子病勢頗平順，湯劑外加服檳榔丸，每服六丸，日服三次。經伯、少伯、仲基偕來

十一日晴　卯庭來復診，病勢頗有推動之機。檳榔丸每次服八丸。既明來

十二日晴　內子病勢尚順，丸方每次服十丸。小便暢，飲食勻，惟腫脹尚無退象耳。孟陽來

十三日晴　李蘭甫曾孫完姻，賀之。內子病無增減，惟肝氣微動耳。丸方每次服十二丸

十四日晴 鼎庭来復診言可冀有轉機也仍服前方 時舅松士来

晚以多悔氣逆剃訂逆平

十五日晴陰 内子病無增減惟小解甚短仍服前方 茗笙来言十七日公餞德曉翁

十六日陰雨 内子病情如昨仍接服符水 祁平復吳松雲赴嘉興挈其眷

口今日始来杭也

十七日陰 早登天長寺一看 為内子合壽具 俗所謂沖喜也 訪鼎庭請其復診擬停藥湯兩三日考

服檳榔丸再候消息以連日病無動静也 赴阮公祠公餞德曉翁 紳士共六人 中席先歸

十八日陰 内子昨晚服符水後恍惚若有所見腹中作響下氣小解較暢頗有推

動之勢此中反之棘手惟仗仙真挽救矣 德曉翁来辭行

十九日霽　祝王禹錫七十壽　實岩學伯文夫人到杭　内子病情如昨　仍度脈符本

兼服丸方